Wolf Deling

Der sexte Sinn

W0320388

Wolf Deling

Der sexte Sinn

Ein Lebensbericht

BRUNNEN
VERLAG GIESSEN · BASEL

© 2004 Brunnen Verlag Gießen
www.brunnen-verlag.de
Lektorat: Carsten Schmidt und Ralf Tibusek
Umschlagfoto: Thomas Georg (Digital Composing)
Umschlaggestaltung: Georg Design, Münster
Satz: DTP Brunnen
Herstellung: Ebner und Spiegel, Ulm
ISBN 3-7655-3777-2

Inhalt

Warum?

Warum schreibe ich dieses Buch? Das ist recht einfach. Ich wäre froh gewesen, wenn ich schon früher einen Lebensbericht zu diesem Thema gefunden hätte.

Es gibt Grundsatzliteratur, wie „Mann“ mit seiner heimlichen Lust umgehen kann, um davon nicht abhängig zu werden. Es gibt zahlreiche Erkenntnisse, die geistlich, wissenschaftlich, soziologisch und psychotherapeutisch durchleuchtet und begründet sind. Allerdings scheiterte ich immer an der Frage, wie ich diese gesammelten Fakten so in mein Leben übertrage, dass sie bei mir greifen und wirken. Wie bahnt sich dieses allgemeine Fachwissen einen Weg in meine Lebenswelt, um zu meiner eigenen persönlichen Erfahrung zu werden?

Gelingt das nicht, werde ich wahrscheinlich ein hervorragender Theoretiker. Ich gebe gute Ratschläge. Gleichzeitig finde ich mich damit ab, dass Theorie und Praxis nicht in jedem Fall (zumindest bei mir) übereinstimmen müssen. Oder es packt mich jedes Mal der Frust, wenn wieder jemand sagt, dass er weiß, wie es geht. Auf dieses Know-how kann ich getrost verzichten und investiere das Geld für ein weiteres Sachbuch lieber in einen exzellenten Nusseisbecher. Da schmecke ich wenigstens, was auf der Karte steht.

Ich sehnte mich nach Befreiung – aus der Umklammerung der heimlichen Lust.

24 Jahre meines Lebens habe ich mich selbst befriedigt, mit unterschiedlicher Intensität. Manchmal mit mehrtägiger Pause, häufig auch 2-3 mal am Tag. Dabei bin ich

kein Junggeselle, bei dem man das vielleicht unter emotionalem Spannungsabbau einordnen würde.

Auch meine Frau, mit der ich 15 Jahre verheiratet bin, verweigert mir nicht die Bettgemeinschaft. Ich würde unser Sexualleben mit allem Auf und Ab grundsätzlich als schön und erfüllend bezeichnen.

20 dieser 24 Jahre lebe ich als Christ, recht fröhlich. Die Liebe von Jesus Christus, mit der er sein Leben für mich einsetzte, hatte mich damals gepackt. Wenn ich ihm so viel wert war, dann wollte ich umgekehrt auch für ihn leben. So ist es bis heute und ich hoffe auch bis zu dem Zeitpunkt, wo ich bei ihm „in der Tür" stehe.

Ich erlebte eine Berufung zum Pastor, ungewöhnliche Lebensführungen und echte Glaubenswunder. Manchen Menschen konnte ich in ihrem Glauben weiterhelfen, andere in eine Begegnung mit Jesus Christus begleiten. Das bedeutet mir viel. Gleichzeitig waren diese 20 Jahre geprägt von ungezählten Versuchen, meine sexuelle Kraft und meine Fantasien zu beherrschen. Ich habe seelsorgerliche und psychotherapeutische Hilfe beansprucht, traf Abmachungen mit Freunden, weihte meine Frau ein, brach etliche Versprechen – und hörte schließlich auf zu kämpfen.

Kurz darauf erlebte ich eine Wende. Gott führte mich in die Freiheit und ermöglichte in mir eine Veränderung, die ich schon für unmöglich hielt. Nicht bei anderen, aber bei mir. Im Einzelnen werde ich davon berichten.

Eigentlich ist dieses Buch für Männer gedacht, die mit ihrer heimlichen Lust allein sind. Vielleicht ist es für den einen oder anderen hilfreich, wenn seine Frau es ebenfalls liest. Sie könnte dadurch einen kleinen Eindruck bekommen, was sich in manchen Männerherzen und Männerfantasien abspielt und welchen einsamen Kampf mit allem Auf und Ab ihr Mann unter Umständen führt.

Es könnte ein Gespräch zwischen Ihnen als Paar möglich machen, das es entweder noch nie gab oder das zwischenzeitlich erstorben ist.

Falls es Ihnen ähnlich geht wie mir und Sie unter dem eigenen Getriebensein leiden, kann Ihnen dieses Buch Hoffnung geben. Deshalb entschloss ich mich, meine Erfahrungen aufzuschreiben. Denn bei Gott ist kein Ding unmöglich. Wer es glaubt, wird glücklich.

Vielleicht ahnen Sie als Frau etwas von den Nöten Ihres Mannes und stehen hilflos, beschämt oder wütend daneben. Wenn Sie wissen, was er (vermutlich) tut, verletzt Sie das wahrscheinlich und Sie fühlen sich herabgesetzt. Warum lässt er es um Ihretwillen nicht einfach, wenn er Sie doch liebt? Bedeuten Sie ihm so wenig? Empfindet er überhaupt noch etwas für Sie?

Ich wünschte mir, dass dieses Buch Sie als Frau aus manchem unberechtigten Selbstzweifel herauslöst. Zwischen dem Verhalten Ihres Mannes und Ihnen muss kein kausaler Zusammenhang bestehen. Als Betroffener kann man das seiner eigenen Frau nur schwer vermitteln.

Und wenn es doch mit Ihnen zusammenhängt, dann begreifen Sie sein Tun vielleicht als einen Hilfeschrei und werden angeregt, über Ihr eigenes (u.U. auch sexuelles) Verhalten in Ihrer gemeinsamen Beziehung nachzudenken. Das kann Sie beflügeln und miteinander auf einen neuen Weg bringen.

Wie auch immer: alles Gute und Gottes Gelingen dazu.

Einige Freunde, die das Manuskript lasen, ermutigten uns, noch ein Kapitel anzufügen. Meine Frau berichtet aus der Perspektive der betroffenen Partnerin, wie sie mit dem Wissen, Nichtwissen und den Vermutungen umgegangen ist und welche Hilfe bzw. Hilflosigkeit sie dabei erfuhr.

Eine abschließende Empfehlung: Lesen Sie das Buch von vorn. Ich spreche aus eigener Erfahrung, da ich manchmal auch versucht bin, hinten einzusteigen. Aber ein Lebensbericht bleibt zum Teil unverständlich ohne die Vorgeschichte, so wie sich das Leben immer von Anfang an entwickelt.

Der Anfang

Meine Geschichte beginnt so, wie es beinahe jeder andere männliche Teenager auch erlebt. Mit 13, 14 Jahren entdeckte ich aus Neugier und Spielerei das schöne Gefühl einer selbst herbeigeführten Erektion.

Aus einmal wurde zweimal und aus zweimal wurde nach und nach ein regelmäßiges Tun. Ich war Einzelkind, meine Eltern beide erwerbstätig. Mir boten sich so genügend Freiräume, diese Lustabfuhr ungestört zu genießen.

Allerdings war es mit dem Genießen so eine Sache. Meine Eltern sprachen nicht über Sexualität und auch der Biologieunterricht vermittelte mir zu diesem Thema wenig. Auf entsprechende Szenen im Fernsehen reagierte meine Mutter meist etwas entrüstet und hielt mir – manchmal aus Spaß, manchmal ganz Ernst – die Augen zu. Jedenfalls war Sexualität für mich immer auch mit Unanständigkeit und Hilflosigkeit behaftet.

Also empfand ich sie auch so. Kaum überschritt das erregende Gefühl den Höhepunkt, mischten sich Enttäuschung und erste Schuldgefühle hinein – und gewannen die Oberhand. Als ob man eine Prise Kaliumpermanganat in Wasser gibt und ein anfänglich zartes Rosa zu einem Tiefrot umschlägt. Allerdings entfaltete das schlechte Gewissen zu wenig Kraft, um mich vom nächsten Mal abzuhalten. Trotz stärkster Vorsätze.

Meine sexuelle Fantasie speiste ich aus ziemlich dürftigen Quellen. In den Osten Deutschlands, wo ich aufwuchs, sickerte die sexuelle Revolution des Westens und die damit verbundene Freizügigkeit nur tröpfchenweise ein. In wenigen Zeitschriften mit geringer Auflage wurden Aktfotografien der sozialistischen Weiblichkeit abgebildet. Sexheftchen gab es nicht, zumindest konnte man so etwas nicht offiziell kaufen.

Natürlich sammelte ich alles an Fotos, was ich ergattern konnte. Als guter Zeichner begann ich, die Aktbilder zu kopieren und eigene aus der Fantasie zu entwerfen. Manchmal war es auch ganz exklusiv. Ein Bekannter mit ausreichender Westverwandtschaft besaß ein Heftchen, in der eine erotische Szene beschrieben war. Bis heute steht mir die „nur" erzählte Situation bildhaft vor Augen.

Ich sog auf, was ich konnte und lebte ein Stück weit in meiner eigenen Fantasiewelt. Wirklich geschockt war ich, als mein Freund bei seinem Vater Pornokarten fand und mir seine Entdeckung präsentierte. Ich empfand es eklig und doch auch den zweiten Blick wert.

All das blieb mein streng gehütetes Geheimnis. Ich konnte und wollte mit niemandem darüber reden und oft wurde aus der einsamen Lust der einsame Frust. Meine christliche Erziehung ermahnte mich, dass Gott mein Verhalten nicht in Ordnung findet bzw. finden kann.

Während meiner Lehrzeit wurde ich in der Berufswelt von einer sehr direkten, deftigen, teilweise sexistischen Sprache überrascht und empfand mich gegenüber den Kollegen als grün hinter den Ohren. Ich konnte keine einschlägigen Erfahrungen mit Mädchen oder Frauen vorweisen. Dafür war ich viel zu anständig. Eine Mitauszubildende drängte sich mir bei einer Klassenfahrt förmlich auf und bot mir ziemlich unmissverständlich einen „One-Night-Stand" an. Obwohl ich oft die Nähe junger Frauen suchte und um ihre Zuneigung buhlte, zog ich mich verschüchtert zurück. Das war mir doch zu heiß. Stattdessen lieferten mir meine Bilder den passenden Ersatz.

Mit 18 Jahren, als ich Christ wurde, durchbrach ich meine Isolation. Ich suchte das Gespräch mit unserem Pfarrer, zu dem ich eine freundschaftliche Beziehung hatte. Ich wollte Schuld loswerden und erhoffte mir Befreiung, auch im Umgang mit meinem Trieb. Die zugesprochene Vergebung und seine Hilfestellungen machten mich erst einmal gelassen.

Ich verstand, dass ich nicht der Einzige war, der sich damit schwer tat und dass die Sexualität mit ihrer ganzen männlichen Intensität eine gute Gabe Gottes ist. „Nur" den Umgang musste ich einüben, um ihr nicht willenlos ausgeliefert zu sein. So würde sie mir auch für eine spätere Ehe echte Erfüllung bieten. Ganz nebenbei: man „kann" da ja auch nicht jederzeit nach Belieben.

Hilfreich fand ich auch den Hinweis, dass zum Lernen Fehler gehören.

Der Pfarrer gebrauchte ein schönes Bild. Er verglich die Sexualität mit einem starken, wilden Tier, das im Keller meines Hauses wohnt und den Drang hat, auszubrechen. Wie kann ich reagieren?

Entweder ich kämpfe mit aller Macht gegen das Tier, halte die Bodenklappe geschlossen und bin ständig auf der Hut. So hatte ich es bisher erlebt und bei Überraschungsangriffen war ich hilflos. Die andere Möglichkeit: Ich zähme das Tier und mache es mir zum Freund. Ich lerne es kennen und lieben und betrachte es als bereichernden Teil meines Lebens. Das klang wesentlich besser.

Mein Ringkampf

Doch der schöne Gedanke mit dem „Anfreunden“ klappte nicht so richtig. Ich nahm mir Folgendes vor: Wenn beim nächsten Mal dieses Gefühl wieder kommt, dann lenke ich mich ab, verzichte einfach, mache Sport oder anderes.

Aber ich hielt es nicht durch. Kaum bot sich die Gelegenheit, waren alle ernsthaften Vorsätze wie weggeblasen und ich gierte, suchte nach Aktbildern und ließ der Lust freien Lauf.

Es ist frustrierend, ständig zu verlieren. Dabei war es nicht nur die Selbstbefriedigung an sich. Ich litt ebenso an meinem Unvermögen, dass ich meiner inneren Lust und damit mir selbst gegenüber zu schwach war.

Die Bilder der Jahrhundertflut im Osten unseres Landes liefern ein Synonym dafür. Man baut bis zum Umfallen Dämme aus Sandsäcken und am Ende schwappt das Wasser doch drüber oder bricht an einer anderen Stelle durch. Zermürbend.

In einer Verzweiflungstat nahm ich meine Bibel und schwor bei ihr, dass ich es nicht mehr tue. Der Befreiungsschlag wirkte ein paar Tage und die folgende Enttäuschung war bitter. Öfter betete ich: Gott, befreie mich doch einfach von dieser starken Lust. Wahrscheinlich hat er es nicht getan, weil er mir etwas Schönes und Wertvolles erhalten wollte.

Wenn ich das so schreibe, entsteht vielleicht der Eindruck, als ob ich ständig freudlos und sexuell verkrampft durch die Gegend gestapft wäre. Nichts da.

Ich bin ein sehr lebensfroher, aber auch tiefschürfender Mann. Was ich berichte, ereignete sich punktuell, aber fortlaufend. Meine Bekannten und Freunde würden das bei mir wahrscheinlich nie und nimmer vermuten.

Mancher denkt vielleicht auch: Wozu der K(r)ampf? Mach dich nicht verrückt. Du schadest damit doch keiner weiteren Person. Sei nicht so kompliziert, tue es einfach und lebe weiter. Das konnte ich nicht und schließlich blieb es ja nicht nur beim Onanieren. Die Reizimpulse wurden mit der Zeit stärker und es betraf einen weiteren Menschen mit: meine Frau.

Als ich sie kennen lernte und wir heirateten, dachte ich: Jetzt habe ichs geschafft. Nun kann ich meine Sexualität ausleben. Ich brauche keine Bilder mehr, weil das schönste Bild einer Frau ja nun zu mir gehört.

In der Freundschaftsphase war das noch anders. Ich erinnere mich, wie wir einmal bei Freunden übernachteten und ich allein in deren Wohnzimmer schlief. Plötzlich kam die Lust und ich schaute nach, ob es irgendwo Zeitschriften gab. Sogar in Schränken stöberte ich, obwohl ich mir dabei ziemlich schäbig vorkam. Ich wurde fündig. Während meine zukünftige Frau im Nebenraum schlief, befriedigte ich mich beim Anschauen von Sexheftchen. Man könnte sagen: Unser Zusammensein tagsüber hatte mich wahrscheinlich so heiß gemacht, dass ich es loswerden musste. Vielleicht.

Aber wirklich überrascht war ich, als sich mein Verlangen nach einigen Wochen Ehe wieder meldete, mit keineswegs abgeschwächter Intensität. Offensichtlich lag es auch nicht daran, dass wir beim Sex einander erst entdecken und uns aufeinander einstellen mussten.

Auch die Zwangspause der Menstruationstage war letztlich kein Grund. Manchmal tauchte der Wunsch zur Selbstbefriedigung nach einer erfüllten Liebesnacht auf. Die Suche nach Bildern begann von neuem. Zunehmend ahnte ich, dass meine Gier nach erotischen, nackten Frauenbildern mit mehr als nur einem steifen Glied zu tun hatte. Was suchte ich wirklich?

Ich wusste es nicht. Aber ich merkte, wie Tempo und Intensität zunahmen.

Die Flut steigt unaufhörlich

Nach dem Mauerfall erschloss sich mir ein wahres Eldorado an Möglichkeiten. Die Zeitschriftenregale im Supermarkt zogen mich hypnotisierend in ihren Bann. Allerdings hielt mich mein Schamgefühl davon ab, unverfroren zuzulangen. Nur selten kaufte ich mir ein Magazin. Ich stellte mir vor, was die Kassiererin wohl über mich dachte, wenn sie den Preis der Heftchen eintippte. Und mein roter Kopf, auch wenn er mitunter nur innerlich glühte, musste sie darin bestätigen.

Wenn überhaupt, dann kaufte ich irgendwo unterwegs, wo mich mit Sicherheit niemand (er)kannte. In der Regel begnügte ich mich mit „spannen", indem ich mich am Zeitschriftenregal hinter einer Fernseh- oder Hobbyzeitung versteckte und meine Augen wandern ließ. Oder ich legte eine dieser Illustrierten in eine Haus & Garten Zeitschrift hinein – Mann ist erfinderisch.

Beim Papier entsorgen entdeckte ich die Quelle der Recyclingplätze. Was irgendwie erotisch verheißungsvoll aussah, ließ ich unauffällig mitgehen. Es wurde ein richtiger Sport. War ich allein unterwegs, durchzuckte mich bei öffentlichen Papierbehältern der Gedanke, kurz anzuhalten und nachzuschauen. Meist überlebten die Bilder die nächste Lustabfuhr nicht. Nachdem sie ihren Zweck erfüllt hatten, zerriss ich sie in tausend Stücke, so dass sie auch niemand anderem mehr zur Verfügung standen.

Für manchen hat das bisher vielleicht eher den Charakter von harmlosen Spielplatzgeschichten oder dummen

Jungenstreichen. Für mich war es eine Zwischenstation, die mich „sanft“ weiterführte.

Kabelfernsehen, ein weiterer Meilenstein. Es ging so weit, dass ich die jeweils neue Fernsehzeitung als erstes nach erotischen Filmen absuchte. Da ich aber in der Regel mit meiner Frau zusammen fernsah und sie sich so etwas nie angeschaut hätte, waren die Gelegenheiten sehr eingeschränkt. Es ergab sich nur dann, wenn sie außer Haus war oder beim Fernsehen einschlief. Dann stellte ich den Ton leiser, wählte das entsprechende Programm und hörte mit einem Ohr auf ihre gleichmäßige Atmung. Dabei behielt ich die Fernbedienung fest im Griff, damit ich bei einer unvorhergesehenen Regung blitzschnell reagieren und auf einen „harmlosen“ Thriller umschalten konnte.

Entweder ging ich nach einiger Zeit auf Toilette, um mich „abzureagieren“ oder ich setzte bzw. stellte mich im Zimmer so, dass sie nicht sehen konnte, wie ich live dabei war. Manchmal ging das haarscharf zu.

Irgendwann schafften wir uns einen Videorekorder an. Wir wollten dadurch kontrollierter fernsehen. Unser TV-Konsum (hauptsächlich meiner) war drastisch angewachsen und mutierte zum mit Abstand führenden Entspannungsmittel. Weniger und dafür ausgewählt fernsehen. So stellten wir uns das vor. Außerdem konnten wir damit stärker beeinflussen, was unsere Kinder sich anschauten und ihnen helfen, besser (als ich) mit diesem Medium umzugehen. Soweit die Theorie.

„Ganz beiläufig“ erschloss mir das natürlich neue Möglichkeiten. Plötzlich war ich in der Lage, erotische Filme relativ gefahrlos und unentdeckt aufzunehmen und zu passender Gelegenheit in Ruhe anzusehen. Filme waren für mich eine deutliche Steigerung gegenüber Fotos, obwohl das, was im normalen Fernsehprogramm läuft, in der Regel noch eine softe Gangart besitzt.

Oft zappte ich, während meine Frau schlief, zwischen den Filmen hin und her und schnitt ausgewählte Szenen mit. Da diese Filme vom Handlungsablauf eher zäh und niveaulos sind, war der Rest für mich vergeudete Zeit. Mich interessierte, worauf es ankam. Manchmal wachte ich nachts auf, schlich mich leise aus dem Schlafzimmer und sah mir die nächtlichen Sexfilme an bzw. nahm Ausschnitte davon auf.

Allerdings legte ich mir nie eine größere Sammlung zu, sondern überspielte die Aufnahmen recht schnell. Meist nachdem ich in gewohnter Weise darauf reagiert hatte. Obwohl meine Möglichkeiten nun größer waren und alles viel leichter schien, vermehrte sich der innere Stress. Fragen tauchten auf: Hatte ich inzwischen wirklich alles gelöscht? Auf welcher Kassette hatte ich was aufgenommen? Würden die Kinder oder meine Frau fragwürdige Überraschungen erleben, wenn sie z.B. einen Film schauen, nicht früh genug danach ausschalten und deshalb noch Reste meiner Aufnahmen entdecken? Wenn jemand bei mir schnell eine Videokassette mit einem bestimmten Film ausleihen wollte oder meine Kinder eine verliehen – war die wirklich sauber? Oder enthielten die ersten Sekunden Bildsequenzen, die der Rekorder nicht vollständig gelöscht hatte? Was würden andere dann von mir denken, noch dazu vom Pastor? Würden sie etwas sagen oder verlegen schweigen? Musste ich an ihren Reaktionen, mit denen sie mir das nächste Mal begegneten, ablesen, ob die Kassette in Ordnung war oder eben nicht?

Oft hatte ich mir vorgenommen, klar Schiff zu machen

und nichts mehr aufzunehmen. Aus mancher Videokassette riss ich verzweifelt das Band heraus und versenkte beides in der Mülltonne, gut verborgen unter dem schon vorhandenen Abfall. Ich wollte mit dem Versteckspiel aufhören, denn ich hatte Angst, dass mich irgendwann jemand entlarvt.

Hinter meinem eigenen Anspruch als Pastor blieb ich weit zurück. War mein Glaube so schwach? Wo in mir wirkte der Geist der Kraft, der Liebe und der Selbstüberwindung? Ich erlebte Jesus in anderen Lebensbereichen eindrücklich – warum führte er mich dann aus dieser Versuchung nicht heraus? Vielleicht so, wie er nach biblischem Vorbild Petrus aus seiner Untersuchungshaft befreite. War mein „lästiges Problemchen" nicht eher ein kleiner Klacks gegenüber dicken Gefängnismauern?

Ich erinnere mich an zwei Wochen, in denen ich den K(r)ampf mit der Selbstbeherrschung so satt hatte, dass ich Gott bewusst aus meinem Leben ausblendete. Ich onanierte, was ging, glotzte, was ging, aß, was ging – bis zur totalen Übersättigung. Aber es machte mich nicht glücklicher oder gelassener. Danach war ich innerlich noch weiter geschrumpft.

Einen weiteren gewaltigen Schub gab es, als ich das Internet kennen lernte. Ich kommuniziere darüber schnell und einfach mit Gemeindegliedern, recherchiere für meine Predigten, tausche mich mit Freunden aus und erfahre allerlei Neues und Wissenswertes. Diesbezüglich arbeite ich gern am Puls der Zeit.

Andererseits stellt das Internet für mich aber ein erhöhtes Versuchungsrisiko dar. Neben allem Positiven ist es auch ein Sammelbecken für Perverses und Abartiges. Es gibt keine moralische Instanz, die den Inhalt zensiert. Pornosüchtige können hier wahrhaft aufgehen, klarer gesagt – untergehen.

Ich weiß nicht mehr, wie ich zum ersten Mal auf einer Sexwebsite landete. Wahrscheinlich durch ein bisschen hin- und hersurfen, verbunden mit einer Portion Neugier. Es ist reizvoll, wenn sich hinter jedem Klick Neues erschließt. Oder ich habe in der Suchmaschine das Stichwort „Sex" eingegeben. Inzwischen wird man per Werbemails mit solchen Angeboten regelrecht zugeschüttet.

Bei dem, was ich dort zu sehen bekam, gingen mir die Augen über. Die Seiten sind untereinander so verbunden, dass man mit wenigen Klicks auf eine Vielzahl neuer Angebote stößt. Es entsteht der Eindruck, dass einem das alles nun zur unbeschränkten Nutzung zur Verfügung steht, bei relativ geringen Kosten. Allein das frei zugängliche Bildmaterial, für das man sich nicht registrieren und auch keine Beiträge (außer Onlinekosten) zahlen muss, ist nahezu unerschöpflich. Wer will, kann sich mit den heutigen Druckern daraus feinst ausgewählte Hochglanzbroschüren selbst erstellen. Ein riesiger Selbstbedienungsladen, anonym, in sauberer Büroatmosphäre. Kein verstohlener Blick einer Verkäuferin oder eines Mitarbeiters und alles nur, um mir Gutes zu tun.

Natürlich hatte ich die ersten Male innere Vorbehalte und Herzklopfen. Ich spürte die Faszination, die davon ausging und wie sie mich fesselte. Bei meiner geringen Widerstandskraft konnte ich eigentlich nur erliegen. Ungeübt mit meiner Internetsoftware notierte ich mir anfänglich die gefundenen Sexadressen handschriftlich auf kleine Zettel, die ich sicherheitshalber unter meiner Tastatur verwahrte. (Später erzählte mir meine Frau, dass sie beim Putzen darauf stieß, sie aber still und betroffen zurücklegte.)

Mit der Zeit wurde ich geübter. Ich möchte hier nicht beschreiben, was man im Detail alles findet. Jedenfalls ist es mehr, als Sie vielleicht erahnen und ich jemals gesehen hatte. Manchmal erschrak ich, wenn etwas „Abartiges" erschien, was ich nicht vermutete. Doch allmählich baute sich meine innere Hemmschwelle ab. Die Spirale drehte schneller und meine Ideen im Umgang mit dem Bildmaterial wurden raffinierter.

Die Sammlerleidenschaft erfasste mich. Mit wenigen Mausklicks kann man sich softe und harte Pornobilder zur eigenen Verwendung problemlos auf seinen PC herunterladen. Meine Bildbibliotheken wuchsen, wobei ich nur die „Leckerbissen" auswählte. Dagegen verblasste der Playboy zum Comic. Zwischenzeitlich war mein persönlicher Besitz auf etwa 3000 Bilder der verschiedensten Kategorien angewachsen.

Mein Vorteil war, dass meine Frau sich zu dieser Zeit nur wenig mit dem Computer auskannte. Sie arbeitete zwar mit der Textverarbeitung, verschickte auch E-Mails, aber darauf beschränkte es sich. Umso leichter gelang es mir, die Bilder auf dem Computer zu verstecken. Sie würde z.B. nie in meinem persönlichen Verzeichnis „Seelsorge" stöbern. Das machte ich mir anfangs zunutze.

Trotzdem ging ich zunehmend auf Nummer sicher und sammelte die Bilddateien auf Disketten. Als die wegen ihrer geringen Speicherkapazität nicht ausreichten bzw. ich zu viele benötigte, brannte ich mir CDs. Die Scheiben verbarg ich in einer Hängeregistratur meines Schreibtisches.

Somit war der Computer meist sauber. Manchmal überkam mich nämlich die Beklemmung, dass der Computer hoffnungslos abstürzen und der Spezialist aus meiner Gemeinde beim Reparieren dann auf irgendwelche Adress- oder Bildverzeichnisse stoßen könnte. Schließlich legt ein Computer mitunter Daten in Verzeichnissen ab, wo man sie als Laie nicht vermutet.

Für mich waren die Pornoseiten zu einer Art Schatz geworden. Zumindest das, was ich von ihnen in meinen privaten Besitz hinüber brannte. Mein Verhalten war vergleichbar mit den Aktivitäten von Goldschürfern im Wilden Westen, die ohne Ende Kiesel wuschen. Die besten und für mich ergiebigsten Adressen kannte ich inzwischen auswendig. Dafür reichen sehr wenige. Alles andere kann man von dort aus finden.

Mit der Zeit entdeckte ich bei mir ernsthafte Anzeichen von Suchtverhalten. Die heimliche Lust entwickelte sich zur heimlichen Sucht. Anfänglich nahm ich mir vor, nur wenige Bilder zu sammeln, vielleicht 20-40, damit ich nicht immer neu ins Internet musste. Schließlich kostete das auch Gebühren.

Unaufhörlich wurden es mehr. Selbst mit meiner riesigen Sammlung war ich nicht gesättigt. Eigenartigerweise griff ich auch kaum auf die gebrannten Bildbibliotheken zurück, schaute sie nur selten an. Im Nachhinein kommt es mir vor, als ob die Bilder für mich ihren Reiz verloren, sobald ich sie besaß. Ich wollte „Neues", noch Besseres, täglich frisches Fleisch. Aber satt wurde ich nie.

Da mein Büro im Haus liegt und der Bildschirm direkt von der Bürotür einsehbar ist, bestand immer die Möglichkeit, dass mich meine Frau oder meine Kinder ungeahnt überraschen. Hätte ich zugeschlossen, wären sie misstrauisch geworden. Um mich vor unliebsamen Zwischenfällen zu schützen, sprang ich zwischen dem Surfen oft auf und lauschte in den Hausflur, ob jemand kommt. Waren die Kinder in der Schule und meine Frau aus dem Haus, vergewisserte ich mich dessen noch mal. Dann startete ich unverzüglich zu meiner Surftour und horchte trotzdem immer mit einem Ohr nach der Haustür.

Hätte ich nur die Bilder gesucht, wäre manches einfacher gewesen. Aber während des Anschauens und Suchens erregte ich mich manuell, zwanghaft.

Sie wissen von den Anfängen meiner Schilderung, dass das alles mit großen inneren Spannungen und Kämpfen verbunden war. Dazu später noch mehr. Hier möchte ich erst einmal schildern, welche Ausmaße mein Verhalten annahm.

Meine Risikobereitschaft wuchs zunehmend. Es ging sogar so weit, dass meine Frau im Nebenzimmer hantierte und jederzeit bei mir reinschauen konnte: ich surfte trotzdem. Irgendwie nahm ich das Risiko in Kauf, dass sie mich entdecken könnte. Sie sah es allerdings nie direkt.

Einmal, als ich versehentlich das Bild einer Sexszene als Bildschirmhintergrund speicherte und es beim Ausschalten des Computers groß auf dem Desktop erschien, stand sie unmittelbar neben mir. Ich frage mich, ob Gott ihr in diesem Moment unsichtbar die Augen zuhielt, denn an ihrer Reaktion konnte ich nichts Ungewöhnliches oder Empörendes ablesen. Ich selbst entging dagegen nur knapp einem Herzanfall.

Ich redete mir ein, dass ich die Sache noch im Griff hätte und versuchte, mich zeitlich zu beschränken. Nur noch fünf Minuten, nur noch drei Bilder, diese Woche zum letzten Mal. Aus fünf Minuten wurden zehn, 30, 90; aus drei Bildern zehn, 40, 100; aus dem letzten Mal in dieser Woche das Vorletzte, Drittletzte ...

Fast schon regelmäßig begann ich meinen Arbeitstag im Büro mit zum Teil ausgedehnten Internetzeiten. Das onanierende Surfen ersetzte meine „Stille Zeit“, in der ich sonst den Tag eigentlich im Gespräch mit Gott begann. Uferte es zum Teil so aus, dass ich über einen ganzen Vormittag hinweg surfte, legte ich eine 2-3tägige (Zwangs-) Zwischenpause ein.

Eigenartigerweise war ich auf Weiterbildungsreisen von diesem Zwangshandeln frei. Aber Zuhause im Büro konnte ich das Internet nicht mehr betreten bzw. verlassen, ohne meine Lieblingsseiten zumindest kurz zu checken.

Gleichzeitig unternahm ich etliche Versuche, mich selbst davon abzuhalten. Ich installierte ein Hintergrundbild, das mich beim Einschalten des Computers mit folgender Aussage mahnte: „Niemand gibt dir die Zeit zurück, die dir ein schlechtes Programm genommen hat.“

Doch letztlich konnte mich das kaum beeinflussen. Das schlechte Gewissen entfaltete zu wenig Kraft, um mich von den Pornoseiten abzuhalten.

Eine weitere Hilfe bieten sogenannte Schutzfilter. Sie sind in die Internetsoftware integriert. Mittels eines Passwortes kann man diese Filter so einstellen, dass dem Nutzer der Zugang zu pornographischem Material verwehrt wird.

Ich probierte es aus und war glücklich, als mir der Bildschirm beim nächsten Ausflug den Zugriff verweigerte. Ein kurzes Glück. Die innere Spannung stieg und kurzerhand deaktivierte ich das Passwort. Nach einer weiteren tiefen Enttäuschung überlegte ich mir ein sehr kompliziertes Passwort, um mich selbst zu überlisten. Mit Erfolg. Beim nächsten Mal, als ich es deaktivieren wollte, fiel es mir nicht mehr ein.

Aber die Lust (Sucht) war stärker. Nach etlichen verzweifelten Erinnerungsversuchen, mit denen ich den Filter nicht deaktivieren konnte, rief ich die Hotline meines Internetanbieters an. Per Telefon manövrierte mich ein Mitarbeiter durch ein regelrechtes Computerbefehlslabyrinth. Er fand eine Möglichkeit, das Passwort zu umgehen. Der Schutzfilter war jetzt unbrauchbar und ich konnte „befreit" weitermachen.

Immer häufiger machte ich die niederdrückende Erfahrung, dass ich mir vornehmen konnte, was ich wollte. Nichts half. Wenn der Zeitpunkt da ist und die Lust drängt, gibt es kein Halten. Keine vernunftmäßige Einsicht, noch irgendwelche Ablenkungsversuche oder selbst aufgerichtete Barrieren können mich letztlich davon abbringen, das zu tun, was ich tun will (muss). Hätte ich mich vom Internet abgemeldet, wäre ich woanders surfen gegangen.

Manchmal war es, als ob ich mich selbst kopfschüttelnd beobachten würde. Was machte ich da eigentlich?

Noch intensiver wurde es, als ich die Fundgrube von Videotheken entdeckte. Beim ersten Besuch in der „Ab 18"-Abteilung platzte mir fast die Hose und das Herz schlug mir bis zum Hals. Die Gefahr, von jemandem als Pastor erkannt zu werden, war sehr groß. Denn wahrscheinlich kannten mich wesentlich mehr Leute als ich sie.

Um das Risiko zu minimieren, checkte ich vor dem Betreten der Videothek die Straße am Rand der Fußgängerzone. Kannte ich jemanden oder besser gesagt: könnte mich jemand von den Passanten (er)kennen?

Es war Winter. Ich zog eine Mütze meines Sohnes auf, mit der mich niemand, zumindest auf den ersten Blick, identifizieren konnte. Darüber die Kapuze einer älteren Jacke, die ich sonst kaum trug. Im Laden verschaffte ich mir erst mal einen kurzen Überblick über die Kundschaft, dann tauchte ich zwischen den Regalen ab. Schnell hatte ich meine Vorlieben gefunden und ausgeliehen. Spannend war jedes Mal, wenn die Tür aufging und jemand hereinkam. Noch spannender, wenn ich auf die Straße trat. Da war das Risiko, über einen Bekannten zu stolpern, besonders groß. Zwei Straßenecken weiter fiel dann eine gewaltige Last von mir und es stellte sich ein gewisses Triumphgefühl ein.

Zum Glück nutzte ich das nicht oft. Es ging eigentlich nur, wenn meine Frau mal für 1-2 Tage unterwegs war. Dann kopierte ich mir die besten Szenen und stellte mir meine eigene Spezialvideokassette zusammen. In ihrer Deutlichkeit war sie nicht zu vergleichen mit den zensierten Fernsehsexfilmen.

Zwischendurch griff ich mir gedanklich immer wieder an den Kopf und konnte doch nicht mit meinem Tun aufhören. Meist überlebten meine Spezialkassetten den nächsten Tag nicht. Teilweise waren sie am nächsten Morgen schon wieder überspielt. Nach dem Höhepunkt der Selbstbefriedigung war es, als ob ich innerlich aufwachte und wieder Herr meiner selbst wurde.

Filme auf CD, die ich gegen alle Rechte kopiert hatte, hielten etwas länger. Aber auch sie landeten regelmäßig mit dem Schraubenzieher zerkratzt in der Recyclingtonne.

Sie merken aus dieser Darstellung den großen inneren Widerspruch, ein Hin und Her, zerrissen in aller Verborgenheit. Die, mit denen ich sonst zu tun hatte, ahnten nichts von meiner Leidenschaft. Für sie war ich der willensstarke, aber auch einfühlsame Pastor, der Visionär mit unbequemen Fragen, auf dessen Predigten man sich freute. Ich war der vorbildliche und verständnisvolle Familienvater, der gut mit Kindern umgehen konnte und über Erziehungsthemen referierte. Nach außen hin waren meine Frau und ich eine perfekte Dienstgemeinschaft, in der sich unsere Gaben wunderbar ergänzten.

Natürlich, das war ich alles auch, aber es trat bisweilen hinter den inneren Eindruck des (fast) täglichen Versagers zurück. Dann konnte ich mich nur schwer daran freuen.

Trotz allem segnete Gott meine Arbeit. Die Gemeinde veränderte sich, neue Menschen kamen dazu und lernten Gott persönlich kennen. Ich wurde ein gern eingeladener Redner, der nicht allgemein um den heißen Brei herumredete.

In mancher Männerseelsorge konfrontierten mich Ratsuchende mit meiner eigenen Not. Am liebsten hätte ich gesagt: „Mir geht es wie dir."

Weil ich selbst betroffen war, konnte ich barmherzig und verständnisvoll reagieren. Ich wusste, wie es dem anderen ging und wie ernst er es meinte. Jede Vergebung, die ich einem anderen Mann in Jesu Namen zusprach, baute mich selbst ein Stück auf. Jede Hoffnung, die ein anderer aus solchen Gesprächen schöpfte, ermutigte mich selbst, nicht aufzugeben. Mancher Ratschlag entsprang dem, was mir zwischenzeitlich auch mal geholfen hatte.

Trotzdem schwebte für mich immer die Frage im Hintergrund: kann denn ein Blinder einen Blinden leiten?

Während eines Jugendtages hielt ich ein Referat mit dem Thema „Umgang mit der eigenen Sexualität". Viele empfanden das als hilfreich, weil ich mich um Verständnis bemühte und es mir nicht nur um dürfen oder nicht dürfen ging. Manchmal ist dieses Thema in christlichen Kreisen sehr auf diese Fragestellung eingeengt und verweigert damit die Lebenshilfe. Nach meinem Eindruck können sich viele Betroffene mit der eigenen sexuellen Not nicht annehmen. Tief in ihrem Inneren schließen sie daraus, dass Gott sie ebenso (abwertend) beurteilt, wie sie sich selbst, frei nach dem Motto: Hab ich's im Griff, dann liebt Gott mich. Wenn ich versage, rutsche ich bei ihm ab. Vor anderen verbergen sie ihre Not, weil sie deren Anerkennung nicht verlieren bzw. sich nicht blamieren wollen.

Es gab auch manche Zeiten, in denen ich „stark" war. Da keimte die Hoffnung, ich könnte es schaffen und die Lust lenken. Ich bat Gott um Hilfe und erlebte, wie er mir kleine Impulse gab, Ablenkungen bzw. Unterbrechungen von außen. Bibelworte sprachen konkret in meine Situation und machten mir Mut. Bei manchen Gelegenheiten stand mir klar vor Augen, dass ich mich entscheiden musste. Der Punkt, an dem es kein Zurück mehr gab, war in diesen Momenten noch nicht überschritten. Doch fand ich mich kurz darauf meist beim Bilderkopieren wieder. Dann war die Enttäuschung besonders groß.

Rückblickend kommt es mir vor, als ob ich in zwei Welten lebte. Anfangs hatte ich das ganz gut im Griff, aber zunehmend wurde es komplizierter. Mitunter schien ich die Kontrolle zu verlieren. Im Nachhinein bin ich froh, dass ich nicht versucht war, eine sexuelle Beziehung mit einer anderen Frau zu beginnen. Damals ahnte ich, dass ich in einer entsprechenden Situation einem solchen Angebot wohl nicht viel entgegenzusetzen haben würde.

Wahrscheinlich werden Sie an dieser Stelle beim Lesen nicht mehr an dumme Jungenstreiche denken. Vielleicht taucht bei Ihnen der Gedanke auf: „Na ja, so süchtig, so abhängig, so intensiv ist das bei mir längst nicht. In manchem entdecke ich mich wider, aber gegen diese Beschreibung ist mein Verhalten doch eher harmlos."

Vor einigen Jahren hätte ich genauso gedacht. Ich möchte Ihnen nicht unbedingt einen Dämpfer verpassen, aber vielleicht können Sie das „doch" in ein „noch" abändern. Auch wenn Sie sich noch im Griff haben, wirkt sich ihr Fühlen, Denken und Handeln auf Ihre Beziehungen aus.

Befreiung brauchen beide: die, die sich selbst nicht mehr helfen können und die, die es noch (vielleicht grade so) im Griff haben.

Folgen

Mein Doppelleben hinterließ Spuren. Der innere Stresspegel stieg gewaltig an. Das lag einerseits an meinem schlechten Gewissen, andererseits am realen Zeitfaktor.

Vielleicht fühlen sich an dieser Stelle Menschen bestärkt, die schon immer wussten, dass Pastoren wahrscheinlich nicht viel arbeiten. Welcher normale Angestellte oder Arbeiter könnte sich in seiner Firma so ein Verhalten leisten? (Obwohl Moorhuhnschießen wohl eine weit verbreitete Firmentätigkeit ist, die auch einiges an Zeit schluckt.)

Trotzdem ist das im Besonderen eine Versuchung für Menschen, die selbstständig oder allein arbeiten. Sie müssen ein erhebliches Maß an Eigendisziplin und Eigenkontrolle aufbringen.

Ich wusste genau, dass ich meiner Gemeinde diese Zeit stahl. Aber ich konnte es nicht abstellen. Für mich ist heute noch unerklärlich, wie ich in manchen Situationen das große Arbeitspensum bewältigte. Mir persönlich tut ein gewisser Druck beim Arbeiten gut. Dann kann ich die Aufgaben konzentrierter angehen und bringe in kurzer Zeit viel fertig. Aber auf Dauer höhlte und zehrte mich das aus.

Letztlich beschnitt ich weniger die Gemeinde als vielmehr meine Familie. In der Gemeinde wäre es aufgefallen, wenn der zuverlässige Pastor sich Versäumnisse leistet. Also strich ich lieber die Zeit zusammen, in der ich sonst für meine Familie da war. Das machte ich keineswegs bewusst, aber manche Absprachen mit meiner Frau kippten, weil ich doch so viel zu tun hatte. Und wen interessiert schon, wie es in der Familie zugeht, wenn es in der Gemeinde gut läuft?

Wir entfernten uns voneinander. Meine Frau fühlte sich zunehmend in unserer familiären Situation von mir im Stich gelassen. Dazu häuften sich Situationen, in denen ich meiner Frau mit „Notlügen“ auswich. Manchmal surfte ich bis zur letzten Minute vor dem Essen. Meine innere Erregung spiegelte sich in meiner Gesichtsfarbe wider. Daran konnte auch eine Hand voll kaltes Wasser nichts ändern, das ich mir noch schnell ins Gesicht schüttete. Was musste sie nur denken, wenn ihr Mann mit einem relativ roten Kopf aus dem Büro kam?

Also erzählte ich irgendwas von Kreislaufbeschwerden, Schwindelgefühlen und dass ich mal wieder an die frische Luft müsste. Ich glaube nicht, dass sie mir das in jedem Fall abkaufte. Sie wusste schließlich von meiner Versuchung.

Es kam sogar vor, dass sie ausgerechnet zum Zeitpunkt der Erektion ins Büro kam und es mir abspürte. Ich wollte es krampfhaft verbergen, aber es gelang mir nicht. In meiner Hilflosigkeit nahm sie mich meist in den Arm und fragte mitleidend: „Na, warst du wieder unterwegs?“ In solchen Fällen konnten wir miteinander für die Situation beten. Ich habe sie dafür bewundert, wie sie so reagieren konnte. Trotzdem, obwohl wir auch manchmal über meine inneren Kämpfe sprachen, ahnte sie wenig von den Ausmaßen, die es zeitweise annahm. Wenn sie mich mittags z. B. fragte, wie ich mit der Predigt vorangekommen war, antwortete ich, dass ich schwer Zugang zum Text fand. In Wirklichkeit lief mir die Zeit davon, weil ich sie anders nutzte.

Stutzig wurde sie mit der Zeit durch die ungewöhnlich hohen Onlineabrechnungen. Da wir vom Einkommen her kein Geld unnötig ausgeben können, waren durchschnittlich 30-60 Euro für das monatliche Surfen eine beträchtliche Summe. Meine Frau war mit der Gebührenzusammensetzung nicht vertraut, deshalb konnte ich viel auf die Gemeindearbeit abschieben. Erst als wir diese Kosten bei einem Lohnsteuerjahresgleich geltend machen wollten, gestand ich ihr, dass vieles davon auf meine Kappe ging. Das erschütterte sie.

Aber nicht nur die Aufrichtigkeit in unserer Ehe war gefährdet, auch unser Intimleben wurde zunehmend von meinem Verhalten mitbestimmt. Pornos beeinflussten meine Fantasie und weckten Bedürfnisse nach erotischen Spielarten, die ich vorher nicht kannte.

Ich wusste, dass meine Frau (zu recht) so etwas nicht mitmachen würde. Deshalb stellte ich mir in meiner Fantasie vor, wie ich auf ersponnenen Dienstreisen einsame Damen gehobener Klasse in Bars und Kneipen kennenlernte, die nach einem Mann lechzten und zu vielem bereit waren.

Leider konnte ich diese Fantasien nicht nach eigenem Belieben an- und abstellen. Auch wenn ich mit meiner Frau schlief, schlichen sie sich teilweise ein und standen gedanklich zwischen ihr und mir.

Das hat natürlich Unzufriedenheit geschürt. Die Frauen auf den Fotos und in den Filmen hatten doch offensichtlich Spaß bei dem, was sie taten. Jedenfalls vermittelten das ihre Gesichter, Laute und einladenden Gesten. (Auch wenn ich weiß, dass knallhartes Geschäft und Schauspielerei dabei ist.) Wenn sie Spaß daran hatten, warum dann nicht auch meine Frau? Aber wie sollte ich das herausfinden? Nie und nimmer würde sie sich so etwas (Perverses) anschauen.

Manchmal denken wir Männer ja, wir könnten unseren Frauen an diesem Punkt etwas vormachen. Wir trennen unsere private Befriedigung sauber von unserer ehelichen. Mancher kann vielleicht die Intuition seiner Frau geschickt täuschen. Mir gelang das nur manchmal. Meist bleibt es der Frau nicht verborgen. Sie besitzt eine Art unerklärliches Empfangsgerät, bei dem der Zeiger ausschlägt, wenn man(n) nicht richtig bei der Sache ist. Auch wenn sie es nicht unbedingt äußert. Oft findet sie sich im Stillen damit ab bzw. leidet sie wortlos darunter.

Meine Frau hat es bemerkt und auf sich bezogen. Unausgesprochen empfand sie einen großen Konkurrenzdruck, gegen den sie mit ihrer Figur nicht bestehen konnte. Es hat sie abgewertet, ohne dass ich das so wollte. Manchmal hat sie versucht, den Kampf aufzunehmen. Sie kleidete sich erotischer, achtete mehr auf ihr Äußeres. Auch im Bett wurde sie fantasievoller. Aber nicht, weil es ihr unbedingt persönlich so gefiel, sondern weil sie meinte, auf mich dadurch anziehender zu wirken. Mitunter schlug es auch ins Gegenteil um. Sie hatte es satt, sich für mich zu verbiegen und ließ sich eher gehen (ich meine nicht schlampig, sondern zum Teil bockig, provokativ).

Dann meldete sich mein Gewissen und ich fühlte mich ihr gegenüber schuldig. Gleichzeitig distanzierte ich mich noch mehr und bediente mich im Stillen dort, wo niemand etwas von mir forderte. Wo ich nur nehmen konnte und nichts geben brauchte. Wo Frauen scheinbar nur eins wollten: mich „glücklich" machen – mich befriedigen.

Ehrlicherweise muss ich gestehen, dass die Bilder meine Lust auch anregten. Ich war sexuell höher sensibilisiert, stimuliert. So sprang der Funke auch in Richtung meiner Frau über und erhöhte zeitweise die Häufigkeit unseres Verkehrs. So ging es, wenn ich Lust hatte.

Die Bilder hinterließen aber auch Unsicherheit und Unlust. Manchmal spürte ich ihren Wunsch, mit mir zu schlafen. Aber ich verweigerte mich wortlos. Ich zeigte kein Interesse, war zu müde, hatte noch zu arbeiten, schaute lieber den Spätfilm oder die Nachrichten usw. Ein Verhalten, das man sonst vielleicht eher Frauen zuschreibt.

Mich beschlich die Angst, „keinen mehr hochzukriegen", weil ich meinen Samenstoff tagsüber vor den Websites schon „verschossen" hatte. Tatsächlich erlebte ich es auch öfter, wie die Spannung nachließ, wenn es drauf ankam. Irgendwie brachten wir es zu einem guten Ende, aber das nächste Mal war die Angst noch stärker. Die eigene Psyche kann einen da ganz schön unter Druck setzen.

Es ging so weit, dass ich manchmal über zwei bis drei Wochen keinen Verkehr mit meiner Frau wollte. Sie empfand das als ungewöhnlich, da sie mich eigentlich anders kannte. Bei ihr kam es stark als Ablehnung rüber. Sie fühlte sich von mir abgewiesen und verlassen.

In einem Brief schrieb sie mir: *„Ich will Dir kurz erklären, wie ich mich fühle: Stell Dir die Situation andersrum vor: Ich hätte seit langem Erlebnisse mit anderen Männern, die offensichtlich wissen, was echte Romantik ist. Du kommst dahinter, bist sehr verletzt, ich registriere es nicht, mach fröhlich weiter, sehe, dass Du leidest, aber ich halte es für Spinnerei oder Sensibilität, die überzogen ist. Sex mit Dir wäre trotz Deines Verlangens nur – wenn überhaupt – einmal im Monat … So wäre es vielleicht."*

Liebevolles, zärtliches Verhalten, bei dem es nicht um Sex ging, kam bei mir kaum noch vor. Schließlich ging es bei allem, was ich mir sonst ansah und mich prägte, immer um die „Hauptsache". Eigentlich waren es „nur" Bilder, aber in meiner Fantasie entwickelte sich etwas zwischen den abgebildeten Frauen und mir. Deswegen war es berechtigt, dass meine Frau diese „Unbekannten" intuitiv als lebendige Konkurrentinnen wahrnahm.

Die Bilder, die bewegten und feststehenden, prägten mich nicht nur hinsichtlich dessen, wie ich mit meiner eigenen Frau umging. Zunehmend betrachtete ich Frauen als Objekte und ertappte mich dabei, wie ich ihnen möglichst unauffällig zuerst auf Brust, Po oder sogar zwischen die Beine schaute. Überhaupt nahmen sexuelle Gedanken einen breiteren Raum ein in dem, was ich dachte.

So tauchten beispielsweise mitten in einem Gespräch ungerufen die Bilder auf. Beim Beten in der Stille sah ich sie vor mir. Schob ich sie gedanklich zur Seite und strengte mich an, mir nichts davon vorzustellen, blätterten sie sich bei der nächsten Gelegenheit wieder auf. Sie waren präsenter als der Heilige Geist. So erschien es mir zeitweise.

Wurde dieses Thema irgendwo allgemein angesprochen, z.B. in Predigten oder bei Weiterbildungen, spürte ich, wie ich rot wurde. Natürlich verbarg ich das. Keiner sollte merken, wie sehr ich betroffen war.

Ich kam mir vor wie einer, der in seinem Paddelboot auf einen Wasserfall zufährt und nicht mehr steuern kann.

Meine Paddel waren abgebrochen.

Mein Weg zur Wende

Wir hatten in unserer Ehe schon mehrere anstrengende, bzw. schwierige Situationen mit Hilfe befreundeter Seelsorger gemeistert. Aber inzwischen waren wir am Nullpunkt angelangt. Meine Frau zog verzweifelt die Reißleine und quartierte sich aus unserem gemeinsamen Schlafzimmer aus. Alles hatte sich irgendwie zugespitzt und verlangte nach einer Lösung. Sie schrieb mir den bereits erwähnten Brief. Das traf mich derart, dass ich mich ebenfalls hinsetzte und meine verborgenen Gedanken zu Papier brachte. Hier im Folgenden einige Auszüge.

„Liebe …,

Dein Brief gibt mir die Gelegenheit, auch mal ehrlich zu sagen, wie es mir geht.

Unsere Ehe ist gescheitert. Du empfindest nichts mehr für mich und ich nichts mehr für dich. Ich weiß, dass es zum größten Teil meine Schuld ist. Aber ich habe keinen Weg daraus gefunden und sehe auch jetzt keinen. Ich glaube, aus den Scherben sind schon so viele Splitter geworden, dass wir die Form nicht mehr zusammenbekommen.

Vor kurzem habe ich geträumt, dass du mich verlässt. Es tat mir sehr weh und dabei hatte ich gemerkt, dass du mir doch noch etwas bedeutest. Aber ich kann darauf irgendwie nicht zurückgreifen.

Vielleicht wäre eine zeitweise Trennung ein Weg, nicht nur vom Schlafzimmer, sondern generell. Das hieße auch, dass ich meinen Beruf aufgebe und mir etwas anderes suchen müsste. Das würde mir im Moment auch nicht so schwer fallen. So, wie es jetzt ist, kann ich auch nicht weiterheucheln.

Sonst weiß ich im Moment keinen Weg, ich habe auch keine Kraft für einen anderen. Wahrscheinlich will ich ihn auch nicht. (...)

Es ist irgendetwas zerbrochen, aber ich weiß nicht wo und weiß auch nicht, wie ich daran komme. Ich habe innerlich um unsere Beziehung gekämpft, aber die Motivation hat anscheinend nicht ausgereicht.

Ich habe das Kämpfen satt. Ich möchte leben und nicht nur kämpfen. Wahrscheinlich habe ich mich deshalb in meine kleine Privatwelt zurückgezogen, innerlich. Erotische Filme, als auch das Fernsehen generell, aber auch Sexbilder aus dem Internet sollten das Loch stopfen, obwohl sie es nicht tun. Aber so ist es wohl bei jeder Sucht.

Das hat sicher dazu beigetragen, dass meine Gefühle dir gegenüber nicht neu wachsen konnten. Aber ich bin auch nicht der Mensch, der seine Liebe mit dem Kopf steuert. Ich stehe in der Sackgasse am Ende, aber ich sehe auch keinen Pfeil, der die Umkehr zeigt.

Ich frage mich, ob es nicht gut wäre, den Gemeindevorstand über unsere Situation zu informieren. Vielleicht hat es ja auch der Teufel geschafft, wieder zwei Mitarbeiter in Gottes Gemeinde auszuschalten.

Ich werde unsere beiden Briefe unseren gemeinsamen Seelsorgern zuschicken, vielleicht sehen sie ja noch eine Lücke oder einen Neuanfang. Ich sehe im Moment keinen mehr. Es tut mir nur um unsere Kinder so leid."

Als ich diese Zeilen jetzt noch mal las (geschrieben vor gut vier Jahren), hat mich das sehr berührt. Ich fühlte wieder den tiefen Schmerz von damals über die eigene Unfähigkeit und das Eingeständnis: Ich bin gescheitert, ich habe alles verbaut. Ich war bereit, all das aufzugeben, was mir bisher etwas bedeutet hatte.

Tränenüberströmt stapfte ich damals durch die Landschaft und überdachte noch einmal alles. Nach einer Weile sagte ich Gott, dass ich vielleicht noch kämpfen würde, wenn ich eine offene Tür sähe – aber da war keine.

Daraufhin zeigte er mir ein Naturbild, das einen winzigen Funken Hoffnung enthielt. Es war ein See, fast zugefroren, bis auf kleine Löcher. Am Ufer war das Eis dünn und brüchig, weiter hinten trug es schon den Schnee. Dadurch redete Gott zu mir und ich fasste einen Entschluss: Wenn der Anfangsweg auch noch so brüchig scheint (wie dünnes Eis), ich will ihn gehen – ein letztes Mal. Und ich will sehen, ob wir eine neue gemeinsame Basis finden, die uns vorsichtig trägt. Unser Trauspruch machte mir dazu Mut.

Wir vereinbarten ein Gespräch zu viert mit unserem befreundeten Seelsorgerehepaar. In aller Klarheit zeigten sie uns die Konsequenzen für unsere Familie auf, wenn wir uns trennen würden. Gleichzeitig machten sie uns Mut, einen weiteren Versuch miteinander zu wagen. Wie sie uns kannten, trauten sie uns das offensichtlich zu.

Der Mann hatte mich schon über Jahre begleitet. Ich hatte ihn als einen Menschen erlebt, vor dem ich offen reden konnte über all das, was hinter meiner tollen Fassade verborgen war. Er kannte seit langem Ausschnitte aus meinen sexuellen Praktiken und Fantasien und hatte mir oft Vergebung und neuen Mut zugesprochen. Wenn er mir bei unseren Gesprächen abschließend seine Hand zum Segen auflegte, war ich gewiss, dass Gott mich begleitet und zu mir steht.

Mir wurde klar, dass ich darüber hinaus auch therapeutische Hilfe brauchte. Endlich war ich an dem Punkt, wo ich nach dem suchte, was mich in dieses klassische Suchtverhalten hineingeführt hatte und ständig weiter antrieb. Warum konnte ich mich nicht mehr selbst lenken? Was machte mich zu einem derart Getriebenen und Gehetzten, einem „Schwanzgesteuerten“?

Innerhalb von drei Wochen erhielt ich einen Termin bei einem sehr gefragten christlichen Psychotherapeuten. Das war das erste Wunder. Dazu kam, dass er kassenärztlich anerkannt war. Auf privater Basis hätte ich die Behandlungskosten nicht tragen können.

Das erste Gespräch drückte mich emotional ziemlich nieder. Es lag nicht am Arzt, sondern an mir. Ich musste mir eingestehen, dass ich beim Psychiater saß. Ich!!! Üblicherweise war ich doch derjenige, der anderen helfen musste, sollte, konnte. Nur mir selbst konnte ich nicht helfen. Das war offensichtlich.

Und bitter. Mein Stolz bröckelte gewaltig. Aber inzwischen war ich so weit, dass ich das schluckte. Wenn es irgendeine Möglichkeit der Hilfe gab, dann wollte ich sie ergreifen. Wann, wenn nicht jetzt?

Plagt einen eine Bronchitis, ist der Gang zum Arzt selbstverständlich. Warum gilt das nicht auch für eine (vorübergehende) Erkrankung der Seele? Das Argument leuchtete mir ein und ließ mich aufatmen. Ich war also nicht „völlig neben der Kappe“.

Es entwickelte sich eine intensive Begleitung über zweieinhalb Jahre mit zum größten Teil wöchentlichen Treffen. Mein Therapeut wurde mir in dieser Zeit zu einem Vertrauten, fast zu einem Freund. Zu Beginn glichen unsere Gespräche der Arbeit eines Archäologen, der Verschüttetes freilegt. Vorsichtig, nicht komplett, manchmal nur winzige Details – oder ganz erfolglos, um beim nächsten Mal weiter zu machen und dann erst fündig zu werden.

Schnell wurde mir deutlich, dass ich eine unerfüllte Sehnsucht in mir trug. Hatte sich meine Seele mit der Selbstbefriedigung einen Weg gesucht, um diese Sehnsucht zu stillen oder auszudrücken?

Diese Gedanken waren mir nicht ganz neu. Während meines Studiums hatte ich mich, angeregt durch Vorlesungen im Fach Seelsorge, mit meiner Lebensgeschichte eingehend befasst. Gott machte mich auch dabei schon auf deutliche emotionale Defizite aufmerksam, die mein Verhalten und meine Selbstsicht bzw. mein Selbstwertgefühl beeinflussten.

Vielleicht wurde der Drang nach Selbstbefriedigung so stark, um den Mangel an Liebe, Zuneigung und Wertschätzung auszugleichen. Sollte mich das Onanieren aus dem Gefühl herausreißen, dass man mich alleingelassen hatte und ich nicht so recht der werden durfte, der ich im Innersten war?

Manchmal hatte ich den Eindruck, ich wollte mich einfach nur verkriechen. Klein sein, mich geborgen kuscheln – aber da war niemand. Ich musste schon immer groß sein, auch als ganz Kleiner. Gerade in solchen Momenten war der Drang zur Selbstbefriedigung besonders stark und ein rascher Trost.

Selbstbefriedigung ist eine Form der raschen Triebbefriedigung. Sich selbst nachgeben und oberflächlich trösten. Spannungen nicht aushalten, sondern schnell abbauen.

Aber sie bietet nichts, was anhält. Selbstbefriedigung stopft kurzzeitig Löcher, kann aber ein Mangelempfinden nicht ausgleichen oder dauerhaft auffüllen.

Mir kam die Frage, ob und wie ich das durchbrechen könnte. Wie sollte ich diese inneren Bedürfnisse anders stillen? Musste ich manchen seelischen Schmerz noch einmal ansatzweise nacherleben? Musste ich meiner Seele zeigen, dass Selbstbefriedigung nicht der einzige Weg ist, um im Leben zu bestehen oder zu flüchten? Musste ich lernen erst einmal nur auszuhalten?

Zu Beginn türmten sich Fragen über Fragen. Ich hatte Bedenken. Bisher war meine Erfahrung, dass mich die beste theoretische Erkenntnis nicht befähigt, anders zu handeln. Der Therapeut gab mir auf diese Befürchtung eine weise Antwort: „Der Groschen fällt pfennigweise. Erkennen ist eine Sache, nachspüren eine andere."

Ich spürte ein tiefes Loch in mir, eine Leere und ich hatte Angst, darin zu versinken – als Mann nicht mehr zu sein. Und das alles als gläubiger Mensch. Warum hatte Jesus Christus diesen Mangel nicht einfach so ausgefüllt, mit seiner Liebe?

Gleichzeitig wusste ich, dass er mich in diesen Fragen begleitete. Das machte mir Mut, mich dem Prozess zu stellen und die ungewisse Spannung, wie es wohl ausgehen wird, auszuhalten.

Eins tat mir besonders gut: Ich durfte sein, wie ich war. Mein Gegenüber bewertete nicht so wie ich: das darf sein, das nicht; das ist gut und das andere schlecht ... Er hielt mich mit dem aus, mit dem ich mich selbst nicht aushalten wollte oder konnte. Und er hinterfragte meine Beurteilungskriterien.

Mein Therapieziel veränderte sich, besser: es wurde konkreter formuliert. Zu Beginn wollte ich Taktiken lernen, um mich selbst besser in den Griff zu bekommen. Dafür saß ich da. Mein vorrangiges Ziel war, irgendwann den Kampf gegen die eigenen Begierden zu gewinnen. Nun wendete sich die Blickrichtung auf mein Inneres, vom Symptom zur Ursache. Ich stellte fest, dass ich ziemlich leidenschaftslos war. Von außen gestellte Aufgaben und Erwartungen konnte ich hervorragend erfüllen. Aber was wollte ich eigentlich selbst, von innen her?

Das Bild eines großen runden Tisches beschrieb meine Situation am besten. Auf der einen Seite fanden sich befreiende, lustvolle Bedürfnisse, Freiheitsliebe, Trost, Entspannung, Belohnung, sich treiben lassen. Dem gegenüber saßen feste Moralvorstellungen, Ziele, Aufgaben, Ergebnisse, Erwartungen anderer. Es fehlte nur das Ich in der Mitte des Tisches. Aber nicht als Egoismus, sondern als ein Ich, das alle anhört, eigene Kompromisse zwischen den Anforderungen und Bedürfnissen findet und sie bewusst lebt.

Ein mündiges, eigenständiges Ich, das sich an sich selbst freut, von etwas überzeugt ist und dabei unabhängig von der Anerkennung anderer bleibt. Ein Ich, das entscheidet, wann es etwas sehen will und was es nicht sehen will. Ein Ich, das nicht immer nur von einer Seite des Tisches auf die andere springt, je nachdem, wessen Einfluss gerade stärker ist. Ein Ich, das den eigenen Puls gut wahrnimmt, sich aber davon nicht diktieren lässt.

Während meiner Ausbildung drückte es einer meiner Dozenten hinsichtlich des Glaubenslebens so aus: Ein starkes Ich verhilft auch zu einem starken Glauben. Solch ein Ich ist fähig, die eigenen Bedürfnisse wahrzunehmen, den eigenen Begierden entgegenzutreten und entschieden mit und für Jesus Christus zu leben.

Bisher war ich hauptsächlich negativ ausgerichtet. Ich wollte etwas bekämpfen und aufgeben, worunter ich einerseits litt und was ich andererseits auch genoss. Das machte das Ganze ja so schwer, bis dato unmöglich. Anstatt etwas Leidvolles, musste ich etwas Lust- und Reizvolles überwinden. Aber weshalb? Einfach nur etwas aufgeben, ohne dafür ein besseres, lohnendes Ziel zu haben?

Dieses Ziel hatte ich nun gefunden: neue Leidenschaft gewinnen, wissen, was ich will; wirklich frei sein, so wie Jesus das verspricht. Das wollte ich.

In dieser Zeit zog ich bei einem Waldspaziergang meine Turnschuhe aus. Nicht wegen akuter Schweißfüße, sondern um auszuprobieren, was ich fühlte. Dauernd piekste etwas, die Frühjahrskälte drang durch die Haut. Aber ich spürte auch das Laub, den Erdboden, das Moos, die Steine. Ich lief intensiver, aufnahmebereiter, schmerzhafter, langsamer – lebendiger. Das wollte ich. Um im Bild zu bleiben: Ich wollte das abgefederte Turnschuhleben eintauschen. Ein Leben ohne Risiko, bequem und mit schneller Triebbefriedigung gegen ein intensiveres.

Schuhe ausziehen bedeutete für mich und meine Situation z.B., zeitweise auf die Bildsuche mit anschließender Selbstbefriedigung zu verzichten. Nur so konnte ich herausfinden, ob ich die Situation trotzdem aushalten würde und was dann passiert – zu beobachten, welches Gefühl entsteht und zu spüren, welches Defizit ich eigentlich befriedigen will. Ich wollte herausfinden, wie ich „überlebe“, wenn ich dieses Gefühl eine Weile aushalte und ob ich andere Möglichkeiten entdecke, zu reagieren. Aber dazu musste ich auf den „Turnschuh" verzichten.

Diese Gedanken geben einige Einblicke in meinen Therapieprozess. Mein Leben erhielt eine neue Ausrichtung. Plötzlich stand nicht mehr die Selbstbefriedigung im Mittelpunkt, sondern etwas, was sich für mich lohnte. Was schöner und intensiver werden konnte als Pornos und Onanieren. Dadurch verlor die Sucht ihren bedrohlichen Charakter.

Natürlich ertappte ich mich dabei, dass meine Motivation nicht nur von innen kam. Zeitweise riss ich mich eben zusammen, um meinem Therapeuten nicht wöchentlich von neuen Niederlagen zu berichten. Oder um mir selbst Fortschritte zu beweisen. So wie ich und andere es von mir erwarteten. Ich muss auch gestehen, dass ich es so richtig nie geschafft habe. Der Kampf hielt während der ganzen zweieinhalb Jahre an, unterschiedlich intensiv.

Vielleicht fühlen sich jetzt diejenigen Leser bestätigt, die von solchen „Psychospielchen" oder „Couchgeschichten" sowieso nichts halten und jegliche Form psychotherapeutischer Hilfe ablehnen. Ich möchte Ihnen zwei Dinge sagen. Zum einen saß ich während meinen Gesprächszeiten aufrecht im Sessel und zum anderen veränderte ich mich persönlich – parallel zur anhaltenden Sexsucht.

Ich probierte in verschiedenen Lebensbereichen mutig Neues aus und sprach ehrlicher über das, was sich in mir abspielte. Verborgene Ängste, Träume, Versagen, Gelingen usw. kamen zum Vorschein. Das brachte auch Spannungen im Umgang mit Menschen, wahrscheinlich der Preis eines klareren Profils, das sich bei mir herausbildete. Sehr gefreut habe ich mich über folgenden Satz meiner Frau: „Ich bin stolz auf dich, dass du die Therapie begonnen und durchgehalten hast."

Unsere Ehe hat sich verändert. Aus dem winzigen Fädchen, das uns noch (hauchdünn) zusammen hielt, wurde wieder ein Seil. Bis zum Tau ist es sicher noch ein Weg, aber wir sind dahin unterwegs. In diesem ganzen Prozess haben wir streiten gelernt. Ehrlich auszusprechen, was uns Mühe macht, auch wenn das nicht immer ohne Verletzungen abging. Und nach solchen Verletzungen haben wir nicht lange geschmollt, sondern uns entschuldigt. „Tut mir leid, dass ich so laut war", oder „Entschuldige, dass ich mir keine Zeit für dich nahm, als du es brauchtest."

In den Jahren vorher hatten wir vieles davon nur noch geschluckt. Vielleicht ließ sich unsere Beziehung zum damaligen Zeitpunkt mit einer randvoll gefüllten Mülltonne vergleichen, die viel zu selten zur Müllabfuhr rausgestellt wurde.

Ich habe gelernt und erfahren, dass mein Leben mehr Rhythmus braucht, damit mein Alltag nicht zerfließt. Dazu gehören hin und wieder auch Zeiten des bewussten Verzichtens, in denen ich intensiver lebe, weg von der Oberflächlichkeit. Ich habe einschneidende Erfahrungen mit Jesus Christus gesammelt. Mein Gottesbild hat sich weiter verändert hin zum liebenden Vater, der große Geduld mit mir hat. Ich erwähne das alles kurz, weil ich überzeugt bin, dass diese Veränderungen letztlich zu meiner Wende beigetragen haben.

Es gab Therapiestunden, in denen wir von 50 Minuten nur zehn Minuten sprachen. Ich hatte den Eindruck, dass mir der Redestoff ausging, ich nichts mehr zu sagen hatte. Die restliche stumme Zeit hat mich vieles wortlos gelehrt.

Zum Beispiel die Erkenntnis: Ich bin wer, ich bin angenommen, auch wenn ich nichts zu sagen habe, nichts mitbringe. Ich brauchte mehr innere Kraft, das Schweigen auszuhalten, als in dieser Zeit etwas Dummes, Ablenkendes und Oberflächliches zu reden – oder die Gesprächszeit abzukürzen und zu gehen. Das hat mich auch einiges über Gott als Vater gelehrt, vor dem ich schwach sein darf. Der mich liebt, ohne dass ich ihm einen Gegenwert dafür mitbringe.

Ich habe mich verändert. Besser müsste ich sagen: Gott hat mich verändert. Aber das klingt so passiv. Christen beten manchmal: „Lieber Gott, verändere mich – über Nacht, ohne meine Mitarbeit."

So hätten wir es gern. Die smarte, softe Umgestaltungskur, wie der flotte Kuss der Prinzessin aufs glitschig verlockende Froschmaul.

Mir hat der gesamte Prozess ganz schön was abverlangt. Aber Gott hat „Wollen und Vollbringen" geschenkt, wie es in einem Bibelvers heißt. Die eingesetzte Zeit war keinesfalls vergeblich. Im Gegenteil, für mich war sie ausgesprochen kostbar.

Und das ursprüngliche Problem? Hatte sich meine Pornosucht im Verlaufe der Zeit abgeschwächt bzw. aufgelöst?

Nein. Nach wie vor machte mir das immer noch zu schaffen. Allerdings gab es für mich gegen Therapieende ein Schlüsselerlebnis, als wir das einzige Paargespräch mit dem Therapeuten führten. Im Beisein meiner Frau sprach ich den Gedanken aus, dass ich eventuell nie ganz frei würde von meiner Sucht. Ich könnte sie einschränken – vielleicht – aber sie würde wohl immer ein Teil von mir bleiben. Ein leidvoller Teil. Als ich mir das vor ihr eingestand und aussprach, fiel mir eine Last von den Schultern.

Meine Frau reagierte positiv. Sie konnte mit dieser Tatsache leben und mich damit annehmen. Sie hatte verstanden, dass es eben zuerst etwas mit mir selbst zu tun hatte.

Ich kam mir vor wie einer, der sagt: „Hier steh ich nun, ich kann nicht anders!" Endlich war ich bereit, diese Begierden als einen Teil von mir zu akzeptieren und mich damit anzunehmen. Zu sagen: So bin ich (auch). Und darüber nicht das viele andere Gute, das Gott in mich hineingelegt hat, zu übersehen, zu vergessen oder abzuwerten.

So wie Gott mich annimmt und weiß, dass ich bis an mein Lebensende Sünder bleibe, in dieser Haltung konnte ich mich selbst annehmen und als Sünder bejahen. Auch mit den Defiziten, die hinter der Sucht standen und stehen. Ich begriff es auf einer tieferen Ebene.

Ich hatte wirklich viel probiert: mir kleine Ziele gesteckt, mich belohnt, wenn ich zwei oder mehr Tage „ohne" lebte. Ich hatte begrenzte Surfzeiten vorgenommen, mich abgelenkt, mir Hobbys zur Entspannung gesucht ... und doch konnte ich (noch) nicht ganz auf die Pornoseiten verzichten.

Trotzdem war ich wer(t), wertvoll. Die Selbstbefriedigung hatte in meinem inneren Wertgefüge ihren richtigen Platz gefunden. Ich freute mich nicht darüber, aber ich zerbrach auch nicht mehr daran und meinte, in Zukunft besser damit umzugehen. Damit lief die Therapie aus.

Wenn das Ganze in einem Film verarbeitet wäre, würde mich solch ein Ende wahrscheinlich unbefriedigt zurücklassen. Zumindest nachdenklich. Vielleicht war es das für mich auch. Keine Heilung im klassischen Sinn und doch

Heilung. Sogar mehr als im klassischen Sinn! Das Symptom war noch nicht verschwunden, aber in mir hatte sich Entscheidendes verändert.

Wie ging es weiter?

Abwärts. Wie in dem gleichnamigen „Thriller", wo ein Fahrstuhl mitsamt den Fahrgästen abzustürzen droht. Stück für Stück rutscht er tiefer und hängt nur noch an hauchdünnen Stahlseilen.

Nachdem die Therapie beendet war, befriedigte ich mich wieder intensiver. Die Websites „glühten". Es war, als ob ein zugekniffenes Ventil, durch das sonst nur wenig Gas entweicht, sich mit einem Mal gänzlich öffnet.

Das verunsicherte mich. Gab es bei mir wirklich keine Fortschritte, hatte sich innerlich doch nichts verändert? Wofür diese vielen Stunden? Hatte ich mir den Therapeuten nur als einen Aufpasser oder Mitwisser gewählt, dem ich zeitweise die Verantwortung für mein Leben übertrug und der mich jetzt nicht mehr zur Rechenschaft ziehen konnte?

Ernüchternd, erschreckend. Eine erbärmliche Niederlage. Nicht nur nicht geheilt, sondern teilweise schlimmer betroffen als vorher. Trotzdem riss es mich innerlich nicht mehr so tief herunter. Die Zeit der Selbsttäuschung und Selbstüberforderung war vorbei. Ich wusste ja inzwischen, wer ich war.

Gott griff mir unter die Seele. Während einer Predigtvorbereitung las ich die Biografie einer ehemaligen Astrologin. Sie schilderte, wie sie Christin wurde, weiterhin aber fasziniert ihren Beruf ausübte. Auf der Grundlage persönlich erstellter Horoskope beriet sie Ratsuchende in ihren Lebensfragen.

Mit der Zeit fand sie Zugang zur Bibel. Durch das, was

sie las und durch Predigtworte machte Gott sie darauf aufmerksam, dass zwischen ihrem Beruf und ihrem Leben als Christ eine Diskrepanz lag. Sie merkte, wie sehr sie sich immer noch vom Lauf der Gestirne kontrollieren und bestimmen ließ. Gleichzeitig ahnte sie, dass Gott etwas anderes mit ihr vorhatte, in ihr etwas verändern wollte.

Sie schreibt: „Endlich war ich soweit, Jesus zu bitten, mir seinen Willen deutlich zu zeigen. Ich wollte ihm folgen. Aber ich bekam keine Antwort, und mir wurde klar, dass Gott mich nie zwingen würde. Vielleicht führte er mich langsam in die Richtung, in die er mich haben wollte. Er drängte nicht."

Sie betete zehn Tage lang, dass Gott sie befähigte, ihren Beruf aufzugeben. Es war für sie wie ein Sterbeprozess. In einem Gottesdienst handelte Gott an ihr. Als zum persönlichen Gebet aufgerufen wurde, berichtete sie öffentlich von ihrer Arbeit. Christen rieten ihr, das zu beenden, beteten mit ihr und lösten sie von okkulten Bindungen.

„Ich erklärte mich bereit dazu, ohne eine Empfindung, ohne ein Gefühl des Schmerzes – so, als ob man etwas tun müsste, was längst beschlossen war."

Menschen, die sich früher von ihr beraten ließen, konnten diesen Schritt nicht verstehen. Sie selbst schätzte es so ein: „Ich hatte Menschen davon abgehalten, ihre Probleme vor Gott zu bringen. Sie hatten ja mich, das schien viel einfacher."

Gott war mit ihr einen Weg gegangen, einen Weg in die Freiheit. Er hatte es geschafft, sie an diesen Punkt zu bringen. Ohne Holzhammer, ohne Drohung – freiwillig und von innen her. Das sprach mich an. Ich erinnerte mich an die Aussage von Jesus Christus: „Wen der Sohn frei macht, der ist wirklich frei“ (Joh. 8,36).

Dann dachte ich weiter. Wenn Gott diese Frau so führte, dann konnte er das mit mir doch auch tun. Bei ihr war es die Leidenschaft für die Esoterik, bei mir die Leidenschaft für Pornografie und Selbstbefriedigung. Durch ihre Lebensführung ermutigt, betete ich, dass Gott mich ebenfalls an diesen Punkt bringt. Wo ich merke, dass ich es nicht mehr brauche. Dass ich sagen kann: Ja, jetzt ist es so weit. Ohne Schmerz, ohne Krampf. So, als ob „... ich etwas tun müsste, was längst beschlossen war“, weil die Zeit dafür reif ist.

Sicher nicht ohne Verluste. So schrieb diese Frau: „Trotzdem litt ich entsetzlich und stand nackt und bloß in grenzenloser Einsamkeit vor der gewaltigen Veränderung meines Lebens. In der Nacht, nach unruhigem Schlaf, fand ich im Buch der Sprüche (Kap. 23,26) die Worte: ‚Gib mir dein Herz, und lass deinen Augen meine Wege wohlgefallen!‘ Diese Worte lösten ein grenzenloses Vertrauen in mir aus, Gott würde mich niemals allein lassen. Er würde mir neue Wege zeigen; ich brauchte mich nicht zu fürchten!“

Wenn ich mein Leben nicht mehr mit Sexbildern, Pornos und Selbstbefriedigung ausfüllte, dann würde ich eine Leere zulassen, die ich erst mal aushalten müsste. So lange, bis Gott sie anders füllt. Aber der große Duft von Freiheit, der über der weiteren Lebensgeschichte dieser Frau lag, motivierte mich. Er war mir dermaßen in die Nase gestiegen, dass ich ihn nicht mehr loswurde.

Nicht mehr: ich darf nicht, sondern: ich will nicht, weil ich etwas Besseres gefunden habe. Die Sehnsucht nach

Freiheit brach endgültig in mir auf wie bei einem Westernheld die Sehnsucht nach dem Abenteuer. Ich ahnte, was diese Freiheit für mich bedeuten würde.

Die Wende

Mein Gebet brauchte länger als zehn Tage, bis ich die Freiheit erlebte. Es war auch nicht gerade intensiv und stetig. Aber ich war mir ziemlich gewiss, dass Gott mich auf diesen Punkt hin bewegte. Das gab mir innere Ruhe.

Seit Therapieende war etwa ein halbes Jahr vergangen. Hin und wieder kam mir der Gedanke, dass ich diese ganze Bilder- und Filmsuche im Grunde genommen nicht mehr brauchte. Es war wie ein unbestimmtes Gefühl, das vorübergehend auftauchte. Suchte und befriedigte ich mich inzwischen mehr aus der Gewohnheit heraus? Und wenn es hauptsächlich Gewohnheit war, könnte ich sie dann nicht auch durchbrechen? Alles noch vorsichtige Konjunktivfragen.

Zu Beginn meiner Therapie hatten wir darüber gesprochen, wie ich durch Selbstbefriedigung versuchte, einen inneren Tank zu füllen. Wir kamen darauf, dass ich im Verlauf der Gespräche voraussichtlich andere Tanks entdecken werde, die ich bisher nicht wahrgenommen hatte. So könnte der Tank der Selbstbefriedigung überflüssig werden.

Das ist in anderen Lebensbereichen ähnlich. Manchmal kann man sich nicht vorstellen, z.B. auf irgendein Essen zu verzichten. Oder Süßigkeiten. Oder Bier. Wird dieser Verzicht aufgrund einer Krankheit oder anderer Umstände nötig, dann geht es überraschenderweise auch ohne. Damals war es ein zaghafter Gedanke, langsam wurde er klarer, schien sich zu verwirklichen.

In diesen vorsichtigen Optimismus hinein machte ich eine niederschmetternde Erfahrung. Meine Frau besuchte ein mehrtägiges Seminar. Schon am Morgen, bevor ich sie zum Bahnhof fuhr, bewegte mich die „Chance" dieser absolut kontrollefreien Zeit. Ich versuchte die Gedanken daran zu verdrängen. Aber sie ließen mich nicht los und diktierten mich. Als ich meine Frau am Bahnhof verabschiedet hatte, fuhr ich direkt zur Videothek und lieh mir drei Pornofilme aus. Für den Rest des Tages fieberte ich dem Abend entgegen, wenn die Kinder im Bett lagen und ich ungestört gieren und onanieren konnte.

Aus den drei Filmen überspielte ich mir bis spät in der Nacht die besten Szenen. Als ich mich dann nach einigen Filmausschnitten befriedigt hatte, gaben mich die Klauen der Sucht frei und ich konnte wieder klarer denken. Entsetzlich, wie intensiv diese Sucht mein Denken und Handeln bestimmte. Mit welcher Kraft sie alles andere in mir zum Schweigen brachte. Ich fühlte mich wie ihr Sklave.

Vielleicht war es eine Art heiliges Erschrecken. Ich war nicht nur enttäuscht über mich, sondern begriff die tiefe Dimension meiner Abhängigkeit. So sollte es nicht mehr weitergehen. Ich wollte endlich frei werden und stammelte vor Gott meine Not heraus, bat ihn um Vergebung. Um das zu untermauern, überspielte ich in dieser Nacht sofort die gerade aufwändig zusammengeschnittene Kassette. Nachdem der Löschkopf am Videogerät lief, schlich ich ins leere Bett. Ich war aufgewühlt und konnte nicht einschlafen. Nach einiger Zeit meldeten sich Zweifel, ob es richtig war, alles zu löschen. Schließlich hatte ich so viel Zeit und Mühe darauf verwendet und so schlimm war es ja nun auch wieder nicht. „Drück Stopp, drück Stopp!“, forderte etwas in mir. Aber ich stellte mich dem innerlich entgegen, betete und blieb liegen.

Am nächsten Tag brachte ich die Pornofilme zurück. Bis heute war es tatsächlich mein letzter Besuch an der dortigen „Fleischtheke“. Danach wendete ich mich meiner Bildsammlung zu: zwei oder drei archivierte CDs mit unzähligen Qualitätsbildern. Dazu kamen die gespeicherten Internetadressen der Sexsites, die ich einerseits im Explorer führte und andererseits in einer eigens dafür angelegten Sicherheitsdatei, von der aus ich die Adressen spielend in den Explorer übertragen konnte.

Die CDs zerstörte ich auf gewohnte Weise. Aber diesmal war etwas anders. Sonst vernichtete ich sie meist im Affekt, aus der Enttäuschung heraus, in einer Art Kurzschlusshandlung. Einfach nur weg, damit ich mich gefühlsmäßig ein bisschen rehabilitierte.

Jetzt war die erste gefühlsmäßige Niedergeschlagenheit überwunden. Sehr bewusst registrierte ich, was ich tat. Die Programmfrage auf dem Desktop: „Wollen Sie diese ... Dateien wirklich löschen“, ließ ich einen Moment auf mich wirken. Dann entschied ich mich zu einem bewussten Ja. Ja, ich will. Es erinnerte mich stark an die Frage des Pfarrers bei unserer Trauung.

Es war nicht nur ein: „Ja, ich will löschen“, sondern ein „Ja, ich will frei werden“. Es kann sogar sein, dass ich dieses Ja laut aussprach, um mir selbst bewusst zu machen, was vorging. Das weiß ich allerdings nicht mehr so genau.

Ich löschte alles, was irgendwie mit Sexbildern zu tun hatte. Ganz radikal. Gleichzeitig war mir klar, dass ich gerade nur einen ersten Schritt tat. Ein Schritt, der bald angefochten sein würde. Der erste Schritt eines knallharten Entzuges, der unabdinglich auf mich wartete.

Von Alkoholikern kannte ich die Begleiterscheinungen eines Entzuges. Höhen und Tiefen, die dazugehörten. Da ich mich auch als süchtig erlebte, stand mir ähnliches bevor, nur in anderer Weise. Ich wusste: wenn ich raus will, frei werden will, dann ist das der Preis. Ich wollte ihn zahlen. Vielleicht hört sich das jetzt etwas dramatisch an, aber das war es in gewisser Weise auch.

Parallel dazu bereitete ich eine Predigt über die damalige Jahreslosung vor: „Gott will ich vertrauen und nicht verzagen" (Jes. 12,2). Das passte. Meine Vernichtungsaktion war ein erster Vertrauensschritt. Allerdings nicht in meine Kraft, sondern in Gottes Fähigkeiten. Meine eigenen Versuche waren schon so oft jämmerlich und erbärmlich gescheitert.

Während der Predigtvorbereitung las ich ein Buch eines amerikanischen Pastors. Eine Passage, die ich dann in die Predigt aufnahm, schlug bei mir ein. Hier der Originalwortlaut:

„Ich habe nie an Gottes Allmacht gezweifelt. Aber sagen Sie mir, warum es dann so viele schwache und niedergeschlagene Christen gibt? Wenn Gott die Kraft hat und diese Kraft in das Leben von Menschen einfließen lassen möchte und wir alle diese Kraft haben wollen, wo ist dann das fehlende Verbindungsstück?"

Dieses Verbindungsstück heißt Glaube. Vertrauen. In Gott. Neu anfangen und vertrauen, dass Gott unterwegs die nötige Kraft gibt. Dass seine Rettung sich ganz praktisch und konkret zeigt.

Der Pastor berichtete von einer Begebenheit, in der er

verspätet zum Flugticketschalter kam. Ein ausgesprochen langsamer Angestellter fertigte die Reisenden ab. Der Pastor kochte vor Ungeduld. Dann erinnerte er sich, dass Geduld zum Wachstum des Glaubens gehört. Er dachte darüber nach, wie sich ein geduldiger Mensch wohl in seiner Situation verhalten würde. „Nun, zuerst würde er sich etwas weiter weg vom Schalter stellen. Also ging ich ein paar Zentimeter zurück. Dann würde er vermutlich die Hände in die Taschen stecken. Ich versenkte meine Fäuste tief in meinen Taschen. Schließlich würde ein geduldiger Mensch den Mann am Schalter vielleicht fragen, wie es ihm ginge. Ich zwang mich, den Mund aufzumachen. ‚Wie war Ihr Tag heute?'

Der gute Mann verdrehte die Augen. Endlich ein Lebenszeichen! ‚Ganz schön viel los. Die Leute haben mich den ganzen Tag nur angebrüllt.'

Als er seinem Frust Luft gemacht hatte, schien er mir viel menschlicher zu sein. Plötzlich konnte ich spüren, wie mich Gottes Kraft zu einem geduldigen Mann machte. (Sogar mein Pulsschlag verlangsamte sich.) Und auch wenn der Pulsschlag des Mannes am Ticketschalter sich nicht wesentlich erhöhte, erreichte ich mein Flugzeug noch und hatte obendrein eine wichtige Lektion gelernt (wenn ich in diesem Bereich meines Lebens auch noch viel Arbeit vor mir habe)."

Was war der Auslöser? Ich ging voran und handelte im Vertrauen darauf, dass Gott mir unterwegs die nötige Kraft geben würde. Mir ist klar geworden, dass der Glaube die Brücke zwischen Gottes Allmacht und unserer Erfahrung seiner Kraft in unserem Leben ist.

Immer wieder klingelt es bei mir, wenn ich jemanden

sagen höre: „Ich habe einen Freund, mit dem ich mich wieder versöhnen muss. Aber ich schaffe es einfach nicht." Dann möchte ich am liebsten sagen: „Versöhnung ist nie leicht, aber handle so, wie ein versöhnungsbereiter Mensch handeln würde. Ruf diesen Freund an und schau, ob Gott dir hilft, die Worte zu finden, die gesagt werden müssen."

Das ist echtes Vertrauen. Es ist immer mit einem Restrisiko behaftet. Vertrauen braucht einen klaren Entschluss ...

Wenn die übrige Gemeinde sich auch etwas von dieser Predigt mitnahm, war das eine schöne Begleiterscheinung. Aber in der ersten Reihe, in der zweiten usw. bis hin zur letzten Reihe saß zuallererst ich. Diese Predigt hielt ich mir selbst und Gott sprach zu mir. Daraufhin nahm ich ihn beim Wort.

Von nun an wollte ich so leben, als ob ich Pornografie und Selbstbefriedigung nicht mehr brauchte. Ich war gespannt, wie Gott mir dabei konkret helfen würde. Es war für mich wirklich ein Schritt des Glaubens, bei dem ich mir meiner persönlichen Schwäche bewusst war.

Jeden Morgen betete ich etwa so: „Herr, ich will diesen Entschluss heute im Glauben leben. Aber ich bin schwach. Ich weiß genau, dass ich bei der erstbesten Gelegenheit, wenn das Internet seine Sogwirkung entfaltet, wahrscheinlich nachgebe. Aber du lebst durch deinen Heiligen Geist in mir. Einem Geist der Kraft, der Liebe und der Selbstüberwindung. Handle in mir, Heiliger Geist, und mach mich stark, damit ich mein Ja leben kann. Bei dir ist alles möglich. Danke dafür. Amen."

Dann ging es los. Es war wie eine Initialzündung. Ich konnte an meinem Schreibtisch sitzen und mich auf meine

Aufgaben konzentrieren. Ich ging ins Internet und verließ es wieder, ohne Abstecher in die Lustsphären. Was mich am meisten erstaunte: Ich brauchte mich kaum zu überwinden. Von kleinen Ausnahmen abgesehen lief es fast wie von selbst.

Ich wurde misstrauisch und erinnerte mich an Zeiten, in denen ich bereits für gewisse Zeiträume abstinent lebte. Einmal hielt ich sogar vier Monate durch! Allerdings lag das schon 11 Jahre zurück.

Wann käme der Moment, in dem ich rückfällig würde? Diese Frage wurde intensiver. Ich glaubte nicht so richtig an meine neue Stärke, und das war realistisch. Es hielt mich eng bei Gott. Dadurch konnte ich letztlich locker bleiben und verkrampfte nicht. Gleichzeitig genoss ich das Gefühl, frei zu sein.

Ich war Herr über meine sexuellen Fantasien und Begierden. Sie machten nicht mehr mit mir, was sie wollten, sondern ich wies ihnen ihren Platz an. Sie gehörten weiterhin zu meinem Leben, verloren aber ihre Bedrohung. Es keimte eine Art Siegesbewusstsein auf. Wie bei einem Sportler, der seine Stärke kennt und darum keine Angst vor seinen Kontrahenten hat. Der die Auseinandersetzung fast genießt, weil er darin seine eigene Kraft, nein Gottes Kraft wahrnimmt.

Ein tolles Lebensgefühl.

Leben in der Freiheit

Ich war beflügelt in meiner Arbeit und konnte meiner Frau und anderen Menschen wieder aufrichtig in die Augen schauen. Doch wie lange würde die Welle des Erfolges, auf der ich surfte, anhalten? Wenn sie schließlich brach, käme es darauf an, auf dem Surfbrett zu bleiben bis zur nächsten Welle oder ans Ufer zu reiten.

So begann ich, die Tage zu zählen: drei Tage, fünf, eine ganze Woche. Wie lang hatte eigentlich mein letzter „Rekord" angedauert?

So hatte ich bisher immer gezählt. Bei allen Neuanfängen. Allerdings konzentrierte ich mich damit auf eine bevorstehende Niederlage. Warum eigentlich? Es ging doch nicht mehr darum, irgendeinen Abstinenzrekord zu brechen und mir damit ein gutes Gefühl zu bescheren. Wichtig war, die gewonnene Freiheit zu entdecken, zu gestalten und auszuleben. Das zählte viel mehr als ein Kampf gegen den drohenden Verlust der Freiheit.

Also hörte ich auf zu zählen. Jeden Morgen neu entschloss ich mich in meiner Freiheit zu leben. Das Heute war entscheidend, kein ängstliches nach vorn schauen, wie lange es wohl noch anhielt.

Nach elf Tagen (da hatte ich noch gezählt) wurde die Versuchung stärker. Nach dem Motto: ein kleiner Abstecher schadet doch nichts. Mal sehen, was es Neues gibt. Ich könnte doch jetzt damit umgehen; anklicken – wegklicken, kein Problem. In dieser Phase kam es darauf an, dass die Freiheit zum Alltag wurde. Vor meinem geistigen Auge stellte ich mir eine aufgeschlossene Zelle vor, in die ich jederzeit hinein konnte – aber nicht wollte. Entzug bedeutete für mich: Die Möglichkeit ist vorhanden, aber ich verzichte darauf – freiwillig. Es ging nicht mehr darum: Das darf ich jetzt nicht mehr, weil ich dadurch schuldig werde, sondern: Ich will es nicht. Die Freiheit ist mir wichtiger.

Im Verhältnis zwischen meiner Frau und mir entwickelte sich eine neue Sensibilität, auch im sexuellen Bereich. Wir schliefen miteinander, ohne dass ich ein schlechtes Gewissen hatte. Die zeitweise aufgetauchten Probleme mit mangelnder Steifheit meines Gliedes ließen nach und die Häufigkeit unseres Verkehrs nahm zu. Es machte mehr Spaß.

Die Intensität der in meinem Hirn gespeicherten Bilder nahm ab. Sie meldeten sich seltener und verloren an Schärfe. Zwischendurch war ich perplex, als ich mich an manches bewusst erinnern wollte. Es ging nicht, war einfach weg.

Trotzdem weiß ich, dass ich vermutlich mein Leben lang anfällig bleiben werde. Die attraktivsten Internetadressen mit dem besten „Material" kenne ich auswendig. Im Prinzip sind sie immer nur einen Klick weit entfernt. Ich mache mir das bewusst, um nicht überrascht zu werden. Der Wunsch, mir durch die Bilder und anschließende Selbstbefriedigung schnell ein gutes Gefühl zu verabreichen, überfällt mich hin und wieder. In diesen Momenten frage ich mich: Was ist dir die Freiheit wert? Niemand hindert dich. Es gibt unzählige Situationen, die du nutzen kannst. Aber willst du auch die Kosten tragen? Willst du wieder zurück?

Ich habe schon während der Therapie Situationen beobachtet und analysiert, in denen mein Verlangen besonders stark auftrat. Sie ähneln sich und hängen mit einer gewissen Grundstimmung zusammen. Allein, wenn ich mir das bewusst mache, hilft es mir, anders damit umzugehen.

Zum einen sind es unlustbetonte Momente. Wenn ich an Aufgaben arbeite, die mir keine Freude machen oder regelrecht unbequem sind. Zu denen ich nur schwer einen persönlichen Zugang finde, vor denen ich mich gern drücke und sie hinausschiebe, bis es nicht mehr geht. Aber auch Phasen, in denen ich sehr angespannt bin bzw. unter einem großen Druck stehe. Dazu zählen schwierige Auseinandersetzungen mit Menschen, ungeklärte Situationen oder z.B. manche Predigtvorbereitungen. Daran möchte ich es einmal verdeutlichen.

Ich weiß, dass ich am Sonntag eine Predigt halten muss, sitze bei der Vorbereitung und habe manches bereits im Kopf. Aber es muss noch auf's Papier bzw. in den Computer. Bloß wie? Und weil ich dabei einen recht hohen Anspruch an mich selbst habe, verstärkt das natürlich den Druck und die Befürchtung, es könnte auch mal nichts werden. (Was eigentlich noch nie der Fall war). Dann bin ich geneigt, mir schnell nebenher etwas „Gutes“ zu tun.

Oder wenn zu viel auf mich einstürmt und ich den Eindruck habe, dass ich den Überblick verliere bzw. versagen könnte. Ich musste lernen, realistischer zu planen und dadurch manche unnötigen Frustrationen zu vermeiden.

Der Drang nach Befriedigung trat auch nach besonderen Höhepunkten auf, in denen ich viel Anerkennung erhielt und glücklich war. Das fehlte mir dann in den Tagen danach, wenn ich wieder in die Niederungen des Alltags hinabstieg.

Aber auch nach Enttäuschungen, wo ich mich von Menschen im Stich gelassen fühlte. Oder wenn ich besonders unausgeschlafen war, Leerlauf herrschte. In der Regel also Situationen, in denen ich enttäuscht, müde, frustriert, an-, abgespannt und überfordert war – oder mir das einredete.

Dann gähnte in mir das Loch, die Leere und die Angst, verlassen und einsam zu sein. Leider erwartete ich oft auch von Gott keine Hilfe. Ich musste für mich selbst aufkommen, mich durch Selbstbefriedigung mit Gutem versorgen. Manchmal hatte ich sogar den Eindruck, beim Onanieren endlich etwas zu tun, was ich wollte. Ansonsten lebte ich ja oft für die Bedürfnisse und Erwartungen anderer.

Natürlich gibt es diese Situationen auch heute noch. Aber ich lerne, schon im Vorfeld möglichst anders mit ihnen umzugehen und sie differenzierter zu bewerten, Spannungen wahrzunehmen und bewusster auszuhalten. Ich habe entdeckt, was Gott in mich hineingelegt hat und lerne, mich daran zu freuen. Mein Wert hängt letztlich nicht an der Anerkennung oder Zustimmung von Menschen oder am Ergebnis meiner Arbeit, mit der ich je nachdem zufriedener oder unzufriedener bin.

Ein Gedanke erwies sich als geistlicher Trugschluss. Ich stellte mir immer vor, dass Gott mich in meiner Arbeit mehr segnet, sobald ich dieses schuldhafte Verhalten aufgebe. Ich bemerkte (noch) keinen Unterschied. Es kamen nicht mehr Menschen zum Glauben, meine Autorität in der Gemeinde stieg nicht sprunghaft an, mein persönliches geistliches Leben erfuhr keinen Quantensprung. Und wesentlich heiliger bin ich auch nicht. Vielleicht hat dieses spezielle Fehlverhalten anderes überlagert, was ich jetzt gründlicher wahrnehme.

Einen „Vorteil“ hatte mein Suchtverhalten. In manchen Situationen war mir bewusster, was Gnade bedeutet. Wenn ich gerade im Vorfeld einer besonderen Aufgabe stark abrutschte, viel Zeit im Internet verpulverte und Gott mir in kürzester Zeit Gelingen gab, dann staunte ich über seine Liebe und Treue. Was er mit mir noch anfing, wo ich doch so „unwürdig“ war.

Das ist mir weiterhin wichtig, wenn ich doch einmal einknicke. Meine Freiheit ist wirklich Alltag geworden und inzwischen erlebe ich das als normal. Vielleicht kann man es vergleichen mit der Situation von frischgebackenen Eltern. Erst sehnen sie sich danach, mal wieder durchzuschlafen. Und wenn die Kleinen sie dann nachts in Ruhe lassen, gewöhnen sie sich auch daran ganz schnell.

Trotzdem gab es in diesen vergangenen siebzehn Monaten fünf bis sechs Situationen, in denen ich meinem inneren Drang nachgab. Ich wusste vorher, wie das ausgeht, war aber zu schwach, zu widerstehen. Was mich erstaunte: ich fühlte mich hinterher nicht so als Versager wie in dem langen Kampf vorher. Es ist und bleibt eben ein Teil von mir. Genau so liebt mich Gott.

Zugegeben: Ich hatte auch befürchtet, dass nun alles wieder von vorn losgeht, wie bei einem Alkoholiker, der genippt hat und absäuft.

Mir half besonders wieder das Wort von Jesus Christus: „Wen der Sohn frei macht, der ist wirklich frei.“

Darauf habe ich mich berufen. Gedanklich begann zwar das alte Zählwerk wieder zu ticken, aber ich habe Jesus Christus bewusst für die Freiheit gedankt, in der ich mit ihm leben kann. Es geht nicht um Tage und Wochen, sondern um einen Zustand. Im Folgenden möchte ich zum besseren Verständnis solche Situationen beispielhaft beschreiben.

An einem Nachmittag hatte ich früher frei und erledigte manche Privatkorrespondenz. Etwa eine Stunde vor dem Abendessen überfiel mich die Idee, im Internet wieder einmal unter der „beliebten Adresse“ nachzuschauen. Ob es sie überhaupt noch gab?

Das kam allerdings nicht ganz zufällig. In den Tagen vorher war der Gedanke aufgetaucht, mal wieder einen kleinen Bildvorrat (für den Ernstfall) auf dem inzwischen neuen Computer anzulegen (was ich seit einem Jahr nicht getan hatte!). Am Vorabend bekam ich nicht rechtzeitig die Kurve ins Bett und sah mir im nächtlichen Werbefernsehen einige Striptease-Clips an. Das weckte die Lust. Eine stark erotische Werbekampagne in der Stadt hielt mich auf dem Laufenden. Dazu kamen die Menstruationstage meiner Frau.

Also begann ich, Bilder herunterzuladen. Zwischendurch sprang ich regelmäßig zur Tür, um nicht unangenehm überrascht zu werden. Da war sie wieder, diese innere Anspannung und Unruhe bis hin zur Hetze. Eigentlich hätte ich mich in dieser Zeit um meine kranken Kinder kümmern können. Meine Frau hatte mich darum gebeten. Hinterher empfand ich das als ein leises Reden Gottes, wodurch er mir eine Brücke baute. Aber in dem Moment wollte ich nicht. Es war kein „Nicht Können“, sondern ein „Nicht Wollen“. Ich streichelte meine Kinder kurz, wechselte einige Worte und verschwand wieder im Büro, weil ich noch dringend etwas „fertig machen“ musste.

Eine gewisse Stärke blieb mir. Ich wusste, dass ich die Bilder suchen, mich aber dabei nicht befriedigen werde: Eine kleine Selbstrechtfertigung bezüglich der harmloseren Variante. Schnell wurde mir klar, wie das alte Gefühls- und Verhaltensmuster wieder auflebte. Als ob ich es nur aus der Schublade holte oder vergleichbar mit einem Update. Gedanken wie: na den einen Klick noch, wenn dann nichts „Brauchbares“ dabei ist ... klick, klick, klick, klick. Die Selbstlügen funktionierten noch immer. Das hat mich erschreckt. Trotz großem Abstand war der Schritt sehr klein, mit dem ich wieder im alten Strudel gefangen war. Es macht einfach keinen Sinn, am Rand eines Strudels schwimmen zu üben.

Während des Abendessens wurde mir klar, dass meine Freiheit auf dem Spiel stand. Eine Freiheit, die ich nicht mehr hergeben wollte. Würde ich mit diesen Bildern allein ins Büro gehen, gäbe es zahllose Gründe, um mich auf diese Art wieder zu trösten und Spannungen zu überbrücken. Es hätte unnötige Kämpfe ausgelöst, mit denen ich mir das Leben nur schwer mache. Dazu die Angst: Wird es morgen wiederkommen?

Also verschwand ich nach dem Abendessen im Büro und löschte alles. „Wollen Sie, dass diese ... Objekte gelöscht werden?“ JA, ich WILL das löschen.

Am Morgen hatte ich noch in der Bibel einen Abschnitt aus dem Römerbrief gelesen (Röm. 6,10-14) Darin ist klar ausgedrückt, wie ich mit solchen Situationen umgehen kann. Aber obwohl ich Jesus wirklich lieb habe, schrumpft die Wirkkraft dieser Worte im ersten Moment der Versuchung stark zusammen. Der Lusttrieb gleicht dann einer Presse, die alle guten Vorsätze, alle rationalen Gründe auf ein Minimum zusammendrückt und sie wie ein kleines Bündel für die Mülldeponie zurücklässt. Untauglich. Man könnte es auch damit vergleichen, dass jemand den Raum betritt und das Licht ausschaltet. Sämtliche Orientierung geht verloren.

Interessant war eine weitere Ursache, die ich beobachtete. Eine zeitlang stand ich für meine Verhältnisse extrem früh auf, um am Vormittag im Büro viel zu erledigen. Entgegen meinen sonstigen Gewohnheiten ging ich abends eher ins Bett und verzichtete auf das Spätfernsehen. Diese Disziplin half mir, mehr Rhythmus in meinen Tagesablauf zu bringen.

Allerdings vergaß ich die nötigen Pausen bzw. den Feierabend und absolvierte ein großes Pensum. Nach einigen Tagen der starken Selbstdisziplin brannte mir irgendwie die Sicherung durch. Ich verlor die Kontrolle, war nur noch triebhaft gesteuert. Abends futterte ich Unmengen Süßes, blieb vor der Glotze kleben, machte keinen Sport mehr und befriedigte mich. So, als ob ein Wehr brach und das angestaute Wasser (Leben, Triebe?) sich mit einem Mal ergoss, bis kurz darauf der normale Wasserstand wieder erreicht war. Ich glaube, ich muss mir noch bewusster solche „Wehröffnungszeiten" einrichten, um nicht vom inneren Druck überrascht zu werden. Es gibt kein Patentrezept, sondern ich muss für meine Persönlichkeit lernen, was mir entspricht.

Eine weitere Situation erlebte ich in einer Krankheitsphase. Meine inneren Abwehrkräfte waren geschwächt, ich fühlte mich so elend, dass ich wieder das frühere Verhaltensmuster auspackte.

Ich kann heute sagen: Ich bin frei. Trotzdem bleibt

dieses Leben in der Freiheit ein Lernen. Es geht nicht um eine Sache, die man an- oder abschalten kann, sondern es geht um mich.

Gott begleitet mich darin.

Eine weitere Erkenntnis ist mir sehr wichtig geworden: Wenn Gott eine Versuchung in meinem Leben zulässt, dann öffnet er auch eine Tür, durch die ich hinauskomme. Entweder durch ein leises Reden im Herzen oder Gewissen merke ich: Jetzt kannst du noch umkehren. Oder durch einen Telefonanruf, der mich aus dem Sexsurfen heraus reißt. So erlebte ich es oft, dass im entscheidenden Moment das Telefon klingelte oder jemand dazwischen kam (meine Frau, die Kinder oder ein Besuch). Aber die Entscheidung, diesen Weg in die Freiheit zu nutzen, nimmt Gott mir nicht ab. Die muss ich selbst treffen. Er zwingt mich nicht in die Freiheit.

Es gehört auch dazu, dass ich eigenverantwortlich Entscheidungen treffe. Vielleicht jene, mich nicht spätabends durch Sexclips „anzuturnen" und andererseits dafür zu sorgen, dass ich genügend Schlaf und damit Spannkraft bekomme. Ein Lernfeld, das sich lohnt.

Freiheit bedeutet auch: Ich bin frei für anderes. Was ich auf dem Gebiet der eigenen Sexualität lerne, wirkt positiv in andere Lebensbereiche hinein. Ich habe mich im Ganzen verändert. Früher fühlte ich mich nach dem selbstgeriebenen Samenschuss unnormal, pervers, krank – durch und durch verdorben. Ich bin froh, dass mir keiner sagte: Mach dich nicht verrückt, es ist alles OK, wie du es tust.

Das war es nicht.

Mir halfen Menschen, die sagten: Du bist beides. Gesund und krank, normal und auch daneben, rein und schuldig. Oder mit Luther ausgedrückt: Gerechter und Sünder zugleich. Hilfreiche Menschen, die mir etwas von dem ungeheuren Druck nahmen, den ich mir selbst auferlegte.

Neulich äußerte ein Mann in einer christlichen Gesprächsrunde sinngemäß: Wenn mehr (oder alle?) Männer sexuell rein leben, dann kommt die Erweckung (das bedeutet: viele Menschen beginnen oder erneuern eine/ihre persönliche Beziehung mit Gott).

Solch eine platte Aussage hilft niemandem. Dadurch wird die Reinheit nur Mittel zum Zweck. Christliche Männer, die vielleicht sowieso rein leben wollen und unter dem eigenen Getriebensein leiden, werden zusätzlich unter Druck gesetzt. Sie scheitern nicht nur an sich selbst und fühlen sich schuldig gegenüber Gott und ihren Frauen. Obendrein sind sie auch noch verantwortlich, dass an ihrem Verhalten die Erweckung scheitert. Eine unerträgliche Last.

Auf dieses Gespräch hin berichtete mir ein Mann verzweifelt von seiner persönlichen Not. Bei ihm und vielen anderen entsteht oft der Eindruck, Gott arbeitet bevorzugt mit Nichtsündern. Besonders mit sexuell Reinen. Ich sagte ihm, dass es die ganz Reinen leider nicht gibt. Oder zum Glück. Sonst würden sie wahrscheinlich hochnäsig (Eph. 2,8-10) und damit ihrerseits eine Erweckung verhindern.

Gott ruft uns in ein neues Leben. Seine Kraft, mit der er seinen Sohn von den Toten auferweckte, kann uns wirklich verändern, sein Geist uns umgestalten. Aber wir sind immer daran beteiligt. Nur Weniges geschieht über Nacht, mit einem Fingerschnipsen oder einem einzelnen intensiven Gebet. Obwohl das einige auch erleben.

Ich bin überzeugt, dass viele von uns im Bereich des Sexuellen leiden und Veränderung bzw. Befreiung nötig haben. Besonders wir Männer sind hier verwundbar. Sexsucht im Zusammenhang mit Internet und Pornografie wird auch in Zukunft eine enorme Sogwirkung entfalten und viele zwischenmenschliche Beziehungen gefährden, zerstören und töten (bis in den wörtlichen Sinn).

Die unzähligen Angebote legen in uns Fantasien, Begierden und Triebe frei, die uns lenken. Wir erleben und fühlen uns dann als Gesteuerte und Getriebene, die dem nur wenig entgegensetzen können.

Bitte resignieren Sie nicht. Wenn Sie an dieser Stelle nicht klarkommen, dann liebt Gott Sie genauso wie einen, der damit weniger Probleme hat. Unsere Nöte und Pleiten auf diesem Gebiet deuten auf eine verborgene Sehnsucht hin. Gott kann sie uns aufdecken und stillen, auch wenn das manchmal einen weiten Weg einschließt.

Für mich war der Weg in die Freiheit ein Prozess. Ein Auf und Ab mit leichten, aber auch beinharten Abschnitten. Ich bin Gott und den Menschen dankbar, die mich über Jahre darin begleitet haben und weiter mit mir gehen. Die Erfahrung der Schwäche ist eine wesentliche meines Lebens. Das Leitmotto: Du musst unter allen Umständen stark sein und darfst keine Schwäche zeigen, ist falsch und vernichtend. Dem beuge ich mich nicht mehr. Vielmehr freue ich mich über die Erfahrung neuer, geschenkter Stärke und einer veränderten Eigenwahrnehmung.

Ich betrachte meinen Weg aus der Sexsucht als einen Nachreifeprozess, der mein Leben zum Guten hin verändert hat. Jesus Christus sagt: „Bei Gott ist kein Ding unmöglich." Gott sei Dank.

Betroffen

aus der Sicht der Ehefrau

Nun habe ich es gelesen. Schwarz auf weiß: 14 Jahre aus den verborgenen Seiten meines Mannes, unserer Ehe. Der Inhalt ist in dieser Dichte erst mal eine Wucht. Aber auch ein Stück Befreiung zu einem guten Zeitpunkt. Ich habe versucht, ihn sorgsam auszuwählen. Natürlich wusste ich schon einiges, das liest man auch in dem Buch. Manches habe ich dunkel erahnt. Aber das gesamte Ausmaß ist mir neu und überrascht mich ziemlich.

Ich gehöre zu den Frauen, die in sexueller Hinsicht naiv, vorsichtig und ziemlich uninformiert waren, ja sind. Das Thema Selbstbefriedigung und Pornografie lernte ich erst in unserer Ehe kennen. Jetzt hat sich mein Bild davon weiter geschärft. Ich frage mich, was wäre gewesen, wenn ich vorher ...

Ich weiß es nicht. Ich weiß nur, dass es nicht in erster Linie meine seelische Stabilität oder mein gesundes Elternhaus sind, die mich unsere Beziehung aushalten ließen. Ich schreibe es Gott persönlich zu, seiner Kraft. Ich erinnere mich aber auch an Zeiten, in denen ich scheinbar nichts von dieser Kraft verspürte. Das ist jetzt kein frommes Gerede. Auch nicht, weil ich den hoffnungsvollen Ausgang des Buches weiß.

Die Abgründe und die aus dem Buch erkennbare Hilflosigkeit meines Mannes wecken in mir auf der einen Seite großes Mitleid. Was hat er durchgemacht, ohne dass ich etwas ahnte? Aber auf der anderen Seite denke ich auch an meine schreckliche Hilflosigkeit als betroffene Ehefrau.

Für mich äußerte sich diese Hilflosigkeit und Ohnmacht über die Jahre hinweg in einem Gefühl von Einsamkeit. In vielen Bereichen musste ich unsere Ehe und Familie nach außen und nach innen allein stabil halten. Ich ahnte nicht, warum. Das musste ich erst mal herausfinden, dann für mich behalten. Vorsichtig versuchte ich es anzusprechen. Ich stellte fest, dass lange Zeit erst mal keiner wahrhaben wollte, wie es einer Frau geht, die weiß: da ist was – vor allem aber, wenn man nicht erklären kann, was es konkret ist. Alles in einem ruft: „Hier stimmt was nicht!“ – Ich war eine Frau, die sucht und sich fragt: Was ist mein Problem in unserer Beziehung. Ich habe sehr gründlich gesucht. (Ich habe auch wunde Punkte in meinem Leben anschauen müssen.)

Manchmal hatte ich Hoffnung, jemand würde mich verstehen. Doch viele Jahre lang wurde mir immer wieder signalisiert: das glaub ich nicht, du nimmst da etwas zu schwer, hast zu hohe Ansprüche, das Ganze ist wahrscheinlich irgendwie dein Problem. Ich merkte: Keiner nimmt mich ernst. Meine Probleme fallen in dieser Sache überhaupt nicht ins Gewicht.

Natürlich ist in der Eheseelsorge die Gefahr groß, dass man den Partner über den Tisch zieht und dabei von sich selbst ablenkt. Ich frage: Was aber, wenn es nicht so ist? Ich verstehe Frauen (vor allem Pastorenehefrauen), die sich nicht trauen, in der Seelsorge ihre Hilflosigkeit zu äußern. Denn das würde bedeuten, sie müssten über den Umgang ihres Mannes in Sachen Pornografie ganz konkret sprechen.

Ich sehe mich noch vor meinem Tagebuch sitzen, als ich aufschreiben wollte: „Ich glaube, mein Mann ist süchtig.“

In der Seelsorge konnte ich es lange Zeit nicht stichhaltig beweisen. Erst als ich nachts einmal aufwachte und merkte, wie mein Mann neben mir mit dem Fernseher kommunizierte, hatte ich den Eindruck: Jetzt glaubt man mir.

Ein Schlüsselerlebnis für mich war dann eine Theaterszene bei einer christlichen Veranstaltung. Sie spielte von einer ahnungslosen Pastorenehefrau, die einem Gemeindemitarbeiter den defekten Computer ihres Mannes zur Reparatur mitgab. Sie ahnte nicht, dass der PC mit Pornobildern gespickt war. Bestürzt über ihr Verhalten und mögliche Konsequenzen outete sich ihr Mann und die Frau fiel aus allen Wolken. Bei dieser Szene fühlte ich mich zum ersten Mal in meiner Problematik richtig verstanden.

Inzwischen hatte mein Mann eine Therapie begonnen. Nachdem sie bereits über zwei Jahre andauerte – für mich eine lange und schwere Zeit – bat ich zögerlich um ein Einzelgespräch mit dem Therapeuten. Der ließ mir ausrichten, dass er hierfür keinen Grund sehe. In diesem Moment brach ich innerlich zusammen. Der unbewusste Leitsatz meines Lebens schien sich zu bestätigen: Ich werde übersehen. Also liegt das Problem doch bei mir, ich bin nicht normal. Ich bin dazu verdonnert, die Arbeit anderer zu tun, nur weil ich einen guten inneren Antrieb habe. Gott, warum hast du mich so gemacht? Warum komme ich aus dieser Rolle nicht heraus?

In vielen Nächten weinte ich mich bei Gott aus. Als meine Seelsorgerin am Telefon mit mir betete, mich segnete und mir auf den Kopf zusagte, ich sei völlig normal, war das wie das Gefühl: Jetzt sitze ich als Mutter endlich im Auto und wir fahren in den Urlaub. Endlich geht es los!

Was die 14 Jahre Ehe angeht: ich liebte und ich liebe

meinen Mann – wirklich. Ich liebte sein Äußeres, seine Warmherzigkeit, wenn er sie mir wieder mal zeigte. In der Gemeinde fiel ihm das oft leichter. Ich liebte seine Art mit Kindern umzugehen. Ich liebte seine Kreativität. Ich empfand über weite Strecken unsere Ehe harmonisch, unser Sexualleben wirklich schön. Auch jetzt, nachdem ich sein Manuskript mit allem Überraschenden gelesen habe, liebe ich ihn wirklich.

Aber ich hasste lange Zeit auch dieses Unbekannte an ihm. Ein späteres Paargespräch mit dem Therapeuten, in das dieser doch einwilligte, half mir, diese Hassgefühle zu sortieren. Vor diesem Gespräch beschlich mich allerdings die Angst, meine Gefühle könnten mir wieder nur als mein Problem bescheinigt werden. Dieses Gespräch brachte mir jedoch Hoffnung, obwohl mir klar wurde, dass ich mit einem suchtkranken Mann würde leben müssen. Und auch, dass ich nicht wusste, wie sich das Leben jetzt gestalten sollte. Aber das Gespräch half mir, mich ernstgenommen zu fühlen.

Der Therapeut sagte mir, er sähe im Geist die vielen Bilder, die ich innerlich in unserer Wohnung aufgehängt hatte und wie ich mich davor abwertete: Ungenügend. Ich wusste nur, dass diese Bilder irgendetwas mit Frauen und Sex zu tun haben müssen, aber es war alles schwammig. Ich wollte mir aber auch nichts Detailliertes anschauen.

Ich hasste diese imaginären Bilder, sie verfolgten mich. Es dauerte lange, bis ich mir eingestand, dass ich solche Gefühle hatte. Auch gegenüber meinem Mann. Jetzt, nach dem Lesen seines Manuskriptes, weiß ich, was ich eigentlich hasste. Und ich glaube, dass auch jetzt erst der richtige Zeitpunkt dafür gekommen ist, dies zu erkennen.

Für mich war es damals wichtig, mir diese Gefühle zu gestatten und damit zu Gott zu gehen.

Ich fühlte mich aber auch zerrissen. Einerseits wusste ich, dass die ganze Sache wirklich das Problem meines Mannes war. Anderseits war es aber auch ganz real mein, unser beider Problem, denn schließlich waren wir ja verheiratet und schliefen miteinander. Mit dieser Zerrissenheit war ich allein geblieben. Vieles davon schrieb ich in mein Tagebuch. In der Seelsorge, die für mich aus Entfernungsgründen begrenzt war, sprachen und beteten wir darüber.

Ich hatte viele Fragen, die auch heute noch teilweise unbeantwortet sind, z.B. welche meiner Erwartungen an meinen Mann sind für ihn und uns beide gesund? Wie viel und welche Erwartungen müssen auch erfüllt werden, damit eine, damit unsere Ehe auf Dauer überleben kann? Gerade wenn einer ein süchtiges Verhalten lebt, stellt sich diese Frage. Ganz ohne Erwartungen geht es auf die Dauer auch nicht. Schließlich habe ich gehofft und erwartet, dass Gott irgendwie schenkt, dass sich unser Zustand noch ändert.

Die christliche Literatur und Medien geben da kaum Antworten für betroffene Ehefrauen. Erklärungen von männlichen Autoren nach dem Motto: Pornografie ist eben auch ein Problem, das im christlichen Bereich (als normal) gesehen werden muss, sind einleuchtend, helfen aber nicht.

In den letzen 15 Jahren habe ich gelernt: Es lohnt sich auf die Beantwortung meiner Fragen zu warten, auch wenn ich nicht weiß, wie lange es dauert. Wann wird Gott sagen: Jetzt ist es soweit. Gott ist größer als meine

Unsicherheit und Herr über die Zeit. Wenn er wirklich allgegenwärtig ist, dann übersieht er auch meine Fragen nicht und nimmt sie ernst. Wie oft betete ich: Herr, wann gedenkst du eigentlich mal etwas zu tun? Manchmal schrieb ich: „Herr, könntest Du nicht dafür sorgen, dass mein Mann mich mal wahrnimmt ..., dass er merkt, dass er süchtig ist; ... dass er zum Therapeuten geht ..." Immer wieder schrieb ich das auf. Einige Jahre lang. Gott hat es gehört und erhört.

Was ich mir aus dieser langen Wartezeit behalten möchte: Gott verlangt von mir nicht, dass ich mir meine Fragen immer nur selbst beantworte oder sie ständig verdränge. Ich muss mich auch nicht einfach nur damit abfinden. Fragen halten mich am Leben. Ich bin froh, dass ich meine Aggressionen Gott und Menschen gegenüber nicht unterdrücken muss. Oft spiegeln sie meine Einsamkeit und Unsicherheit wider.

Ich würde mir die letzten 15 Jahre im Sinne dieses Buches nicht freiwillig wieder so wünschen. Die Wende bei meinem Mann erfuhr ich nicht gleich (das ist gut so), aber für mich ist sie eine noch nicht ganz fassbare Gebetserhörung. Sie bedeutet für mich allerdings, dass Gott da ist.

In diesem Sinne will ich persönlich auch mit diesem Buch umgehen. Die Bedeutung meiner, ja unserer Sexualerziehung für die Zukunft unserer Kinder möchte ich, so gut es geht, bedenken, dafür beten und Gott anvertrauen.

Ich fühle mich gelassener. Trotzdem bin ich, ehrlich gesagt, auch ein bisschen zaghaft gespannt, wie es, wie Gott mit uns weitergeht.

Wegskizze zum Schluss

Eine Wegkarte beziehungsweise Wegskizze beschreibt, wie ein anderer bereits zu einem bestimmten Ziel gekommen ist. Ich möchte versuchen, abschließend eine kurze Wegskizze zu entwerfen, wie Gott mich aus der äußeren und inneren Umklammerung der heimlichen Lust herausgelöst hat.

Das bedeutet nicht: „Machen Sie's wie ich und dann funktioniert das bei Ihnen auch!" Bezüglich des sexuellen Erlebens geht es nicht ums Funktionieren. Aber vielleicht gibt es markante Punkte, die Ihnen Impulse geben und Sie ermutigen.

Was hat mir geholfen, mich weiter gebracht?

Der Schritt aus der Verborgenheit.
Ich habe mich Christen geöffnet, die mich vertrauensvoll begleitet haben und mich korrigierten und mir Mut machten. Bei ihnen konnte ich Schuld aussprechen und erlebte Vergebung.

Das Eingeständnis der eigenen Hilflosigkeit.
Es dauerte lange, bis ich den Gedanken zuließ, süchtig zu sein, mir einzugestehen, dass ich aus eigener Kraft da nicht herauskomme. Letztlich rüttelte mich unsere tiefe Ehekrise auf. Dazu kam der Eindruck, dass mein Leben aus den Fugen gerät. Dadurch wurde ich bereit zur Veränderung.

Die Bereitschaft, mich mit mir selbst auseinander zusetzen.
Ich musste mich überwinden, therapeutische Hilfe zu suchen. Die eigene Persönlichkeit anschauen, Verhaltenszwänge erkennen, Defizite und eigenes Fehlverhalten ausmachen, in Abgründe schauen, tiefe Traurigkeit empfinden und dabei Neues entdecken – all das gehörte dazu. Auch die Geduldsübung, wenn es keine sichtbaren Fortschritte gab.

Gleichzeitig merkte ich, wie Gott mich auf diesem Weg veränderte und sich die Beziehung zu ihm vertiefte. Ich konnte mich mit mir und meiner Geschichte versöhnen und begann, mich selbst (fröhlich) zu lieben.

Die Erfahrung, dass Gott die Erneuerung vorbereitet.
Neben Situationen, in denen ich dachte: Hat ja doch alles keinen Sinn, ließ Gott in mir eine Hoffnung wachsen. Ich habe darauf vertraut, dass er etwas aus den Therapiegesprächen wachsen lässt, auch wenn ich nicht gleich Zusammenhänge sehe und Erfolge verbuche. Durch den ganzen Prozess habe ich gelernt, intensiver zu leben und gleichzeitig verstanden, dass Leben nicht immer nach dem Kausalprinzip (wenn - dann) abläuft.

Im Glauben etwas wagen.
Ich kam an den Punkt, der letztlich über Freiheit und Gebundenheit entscheidet: der Glaubensschritt. Ich erfuhr keine automatische Befreiung, nebenher, sondern wagte es letztlich mit Gott. Aber auch das war nicht erzwungen, sondern gereift und vorbereitet. Ich habe erlebt und erlebe, wie Gott mir hilft.

Ravi Zacharias

Sehnsucht des Herzens

Gottes Nähe wieder spüren

272 S., Paperback,
ISBN 3-7655-1275-3

Es gibt Fragen, mit denen man sich täglich auseinandersetzen muss, denen man aber am liebsten aus dem Weg gehen möchte: Fragen nach dem Leid, der Einsamkeit und der Verzweiflung. Gerade wenn alles um uns herum gut läuft in Ehe, Familie und Beruf, schleicht sich oft das Gefühl einer langsam wachsenden Leere ein. Wenn Sie im düsteren Wald eine Schneise suchen, die Ihnen einen Weg zeigt, der den Kopf frei macht und Ihre Sorgen aus einer ganz anderen Perspektive beleuchtet, dann ist dieses Buch ein großer Gewinn für Sie.

„Wenn es darum geht, sich mit den schwierigen Fragen des Glaubens und des Lebens auseinander zu setzen, kenne ich niemanden, der das besser könnte …“

Max Lucado

BRUNNEN VERLAG GIESSEN
www.brunnen-verlag.de

Hansjörg Hemminger

Geister, Hexen, Halloween

Esoterik und Okkultismus
im Alltag
Ein Ratgeber für Eltern

160 S., Taschenbuch,
ISBN 3-7655-3779-9

Laut einer Umfrage nimmt fast jeder dritte Jugendliche aktiv oder passiv an Okkulthandlungen teil, und Dreiviertel aller Jugendlichen haben sich bereits ausführlich mit Okkultismus beschäftigt. Pubertierende Teenies pendeln über dem Foto des Angebeteten, andere legen Tarot-Karten, um etwas über die Aussichten in der nächsten Mathe-Klausur zu erfahren oder stechen Nadeln in (angebliche) Voodoo-Puppen, um sich auf magischem Weg an Klassenkameraden oder Lehrern zu rächen.

Die meisten Eltern ahnen nichts von dieser Freizeitbeschäftigung ihrer Kinder.

In diesem Buch finden Sie die nötigen Hintergrundinformationen zu den wesentlichen okkulten oder angeblich okkulten Spielarten und zahlreiche Bewertungshilfen, die einen seriösen Umgang mit dem Thema erleichtern.

BRUNNEN VERLAG GIESSEN
www.brunnen-verlag.de